valinfood

Photographies de Virginie Rol
Stylisme de Séverine Augé

Mes RECETTES GOURMANDES

à moins de **600 CALORIES**

MARABOUT

Salut, moi, c'est Valentine, plus connue sous le nom de « Valinfood » ! J'ai 23 ans et je suis originaire du sud de la France. J'ai grandi dans une famille passionnée de cuisine méditerranéenne (marocaine, espagnole et portugaise) avec qui j'ai pris l'habitude de cuisiner des plats très variés. Cette passion m'a été transmise par mes grands-mères, ma mère ainsi que mon père qui est pizzaïolo. C'est cette cuisine qui m'inspire tous les jours.

MA PERTE DE POIDS

Depuis mon plus jeune âge, j'ai toujours été complexée par mon corps ainsi que par mon poids. À 19 ans, j'ai rencontré mon copain et, à force d'enchaîner les restaurants et les fast-foods, j'ai pris 15 kilos en une seule année ! Dans mon cas, on peut dire que l'amour fait grossir. Cette importante prise de poids a été un électrochoc : je me sentais vraiment mal dans ma peau. Mais… le premier confinement est arrivé ! J'ai alors décidé de me prendre en main et de changer mon mode de vie. J'ai axé mes efforts sur le sport, d'une part, mais également sur la nutrition. Je me suis beaucoup documentée sur ce sujet et j'ai compris que c'était la partie la plus importante pour réussir une perte de poids. J'ai donc créé mes propres recettes, saines, mais gourmandes. Bien sûr, ça n'a pas été facile tous les jours, il a fallu que je m'accroche en me fixant des petits objectifs qui m'ont aidée à ne pas craquer et à persévérer. J'ai perdu 10 kilos en trois mois et le reste s'est fait naturellement au cours de l'année. C'était la première fois que j'y parvenais. Alors, si j'y suis arrivée, vous le pouvez aussi !

LA NAISSANCE DE VALINFOOD

Tout a commencé un soir de mai 2021. Je décide de filmer la préparation de mon repas, d'en faire un montage vidéo puis de le poster sur les réseaux sociaux. Je comptabilise en quelques heures 100 000 vues et de nombreux commentaires chaleureux. Les émotions que m'ont procuré ces retours ont fait naître en moi un challenge : partager une recette en vidéo chaque jour. D'ailleurs, je me souviens du commentaire d'un abonné sur ma première recette de tartelette Tatin qui disait que cette vidéo allait changer ma vie. Il avait bien raison, c'était le début d'une superbe aventure : Valinfood. Aujourd'hui, c'est une communauté bienveillante de plus d'un million de personnes, des projets merveilleux, dont ce livre que vous tenez aujourd'hui entre vos mains.

MA VISION DE LA CUISINE

Je suis persuadée que la cuisine est un excellent moyen d'améliorer son bien-être au quotidien. Personnellement, cuisiner mes repas me procure beaucoup de satisfaction, surtout lorsque je cuisine pour mes proches. À mon avis, faire la cuisine signifie bien plus que se nourrir, cela crée du lien et des souvenirs. C'est pour moi un moment de plaisir et j'espère vous transmettre cette passion.

L'IDÉE DU LIVRE

Durant ma perte de poids, j'ai toujours eu du mal à trouver des recettes savoureuses qui répondaient à mes attentes, alors tout naturellement, j'ai décidé de les réaliser moi-même et d'en faire un livre complet.

Ces recettes « anti-frustration » sont comme sur mes réseaux sociaux : simples, rapides et faciles à reproduire. Aujourd'hui, je suis fière de vous présenter plus de 80 recettes variées que j'affectionne tout particulièrement. Elles se déclinent en petits déjeuners, plats, collations et desserts, et elles vous aideront en fonction de vos objectifs.

Sommaire

Mes astuces pour rester motivée et tenir mes objectifs

Rester motivé est un enjeu majeur lorsqu'on s'est fixé l'objectif de perdre du poids, de le stabiliser ou d'opérer un rééquilibrage alimentaire. Et ça peut être difficile, croyez-moi ! J'ai donc mis en place quelques techniques pour me motiver au quotidien.

ÉCRIRE DANS UN CARNET SON ÉVOLUTION

Au début de ma perte de poids, j'ai tenu un carnet dans lequel je notais quotidiennement tout ce que je mangeais. Chaque semaine, je faisais un bilan en indiquant ma perte de poids et mon ressenti sur la semaine qui venait de s'écouler. Je planifiais ensuite mes objectifs pour la semaine suivante. Chaque mois, je faisais également le point sur l'évolution de mes mensurations : le poids, c'est une chose, mais lorsque vous voyez concrètement votre silhouette s'affiner, c'est une véritable récompense pour tous les efforts consentis ! Lorsque j'étais un peu démotivée, je relisais ce carnet et j'étais immédiatement reboostée ! Il m'arrive encore aujourd'hui de le consulter.

SE FIXER DES PETITS OBJECTIFS POUR NE PAS SE DÉCOURAGER

C'est pour moi la clé de la réussite. Si vous avez l'impression de ne jamais atteindre votre objectif, c'est peut-être que la marche est trop haute d'un coup. Découpez-le en plusieurs petits et, vous verrez, tout vous semblera plus simple. Par exemple, quand j'ai cherché à perdre du poids, je ne me suis pas fixé immédiatement l'idée de perdre 15 kilos, mais j'ai plutôt cherché à perdre entre 500 g et 1 kilo par semaine. Chaque objectif atteint m'a incitée à ne rien lâcher.

PRENDRE RÉGULIÈREMENT DES PHOTOS POUR SUIVRE SON ÉVOLUTION

Se prendre en photo chaque semaine ou chaque mois est une autre façon de visualiser le résultat de ses efforts : on voit concrètement des changements physiques qui peuvent être imperceptibles lorsque l'on se regarde tous les jours dans la glace.

FAIRE DU SPORT LE MATIN

Personnellement, je préfère caler ma séance de sport le matin car, en fin de journée, je suis souvent moins motivée. Ainsi, je me sens bien dans mon corps toute la journée. Ça me motive à bien manger pour me sentir en forme et progresser dans mon activité physique.

J'alterne souvent entre des circuits cardio ou des séances de renforcement musculaire qui durent entre 20 à 40 minutes. Bien sûr, ce n'est que mon avis, vous pouvez tout à fait faire votre sport à tout moment de la journée en fonction de vos possibilités et de vos préférences.

ANTICIPER SES REPAS

Anticiper ses repas demande un peu d'organisation, mais c'est une solution simple pour manger plus sainement et sans excès. Cela permet en plus de faire des économies, alors pourquoi s'en priver ?

Pour cela, deux options s'offrent à vous, selon votre organisation personnelle :

- **Préparer ses repas le week-end :** c'est très pratique et ça permet de gagner du temps. Vous serez également moins tenté de manger n'importe quoi ou de commander à l'extérieur parce que vous n'avez pas envie de cuisiner.
- **Si vous ne pouvez pas cuisiner à l'avance, je vous conseille tout de même de planifier vos repas pour n'acheter que ce dont vous avez besoin :** cela vous évitera toutes sortes de tentations. Pour commencer, vous pouvez vous aider de mes recettes ou du menu de la semaine qui se trouve à la fin du livre (voir page 168).

S'AUTORISER DES PLAISIRS AU QUOTIDIEN

Il y a plus de deux ans, au début de ma perte de poids, je pensais que pour maigrir il fallait se restreindre, éliminer les pâtes et le chocolat... Je me suis privée, ce qui m'a amenée à être dans l'excès dès que je faisais un écart. Maintenant, je mange de tout, en faisant attention aux quantités, et je m'accorde des plaisirs tous les jours.

Mes astuces pour ne pas grignoter

Lors de ma perte de poids, c'était parfois compliqué pour moi de ne pas succomber à la tentation du grignotage, même lorsque je n'avais pas faim. Avec le temps, j'ai acquis quelques astuces simples et efficaces que je vous partage.

BOIRE DE L'EAU OU DU THÉ POUR CALMER LES PETITS CREUX

L'eau agit comme un coupe-faim parce qu'elle remplit l'estomac et réduit l'appétit. Donc, dès que j'ai un petit creux, je bois de l'eau. N'hésitez pas à l'aromatiser avec quelques tranches de citron ou un autre fruit : vous verrez, ça vous donnera encore plus envie de boire pour calmer vos fringales. Si elle ne passe pas, c'est que vous avez réellement faim et l'eau ne suffira pas. Dans ce cas, préparez-vous une collation saine ou grignotez quelques légumes à croquer par exemple si le prochain repas arrive très bientôt pour ne pas risquer de vous jeter dessus.

SE LAVER LES DENTS TOUT DE SUITE APRÈS AVOIR MANGÉ

C'est peut-être tout bête, mais c'est une petite astuce pour jouer un tour à votre cerveau : le fait de se brosser les dents lui indique que le repas est terminé. De plus, le goût du dentifrice réduit l'envie de manger.

PRENDRE UN PETIT DÉJEUNER COPIEUX ET ÉQUILIBRÉ

Je sais qu'il est difficile pour certains de prendre un petit déjeuner complet, mais je vous garantis que j'ai pu voir la différence. Dès que je mange le matin, je n'ai pratiquement plus de fringales et je mange même moins au déjeuner. Si vous ne prenez pas de petit déjeuner, assurez-vous de faire des repas suffisants et équilibrés pour répondre à vos besoins car on peut équilibrer nos besoins sur le reste de la journée.

SE DEMANDER SI C'EST VRAIMENT DE LA FAIM OU JUSTE UNE ENVIE

Voici la question que je me pose à chaque fois. La plupart du temps ce n'est qu'une envie liée à l'ennui ou au stress. En général, elle disparaît au bout de quelques minutes, alors je patiente. Cependant n'hésitez pas à chercher les autres causes probables et à travailler dessus : anxiété, manque de sommeil, colère, etc. Nous grignotons pour plein de raisons et c'est souvent une façon de se réconforter, de répondre à une émotion ou d'apporter de l'énergie à un corps fatigué. Dans ce cas-là, il faut agir à la source du problème et ne pas hésiter à consulter (diététicienne, psychologue, etc.) si besoin.

FAIRE DES COLLATIONS

Quand j'en ressens le besoin, j'opte pour un de mes petits coupe-faim favoris. Je vous laisse en découvrir la liste page 126.

Comprendre les nutriments

Avant de découvrir les recettes, je souhaite vous expliquer de façon simple l'importance des nutriments dans votre alimentation. Je m'assure toujours de bien équilibrer mes recettes en incluant les nutriments nécessaires au bon fonctionnement du corps. Cela me permet de préparer des repas savoureux et sains qui m'aident à atteindre mes objectifs sans avoir à me restreindre. Il y a trois types de nutriments : les glucides, les lipides et les protéines.

POUR FAIRE SIMPLE...

Les glucides sont une source d'énergie pour le corps. Les glucides simples, comme le sucre, sont rapidement absorbés par l'organisme, tandis que les glucides complexes, comme les céréales complètes, sont digérés plus lentement. Il est important de consommer des glucides de qualité telles que les légumes, les fruits, les céréales complètes, les légumineuses pour un apport énergétique stable et régulier. Sachez que les glucides représentent la moitié de nos besoins journaliers.

Les lipides sont également une source d'énergie pour le corps. Ils sont souvent mal vus mais le corps a besoin de consommer des graisses saines, telles que l'huile d'olive, les avocats, les poissons gras, les noix et les graines. En revanche, il faut limiter les graisses saturées telles que le beurre, la crème, le fromage, la charcuterie, qui peuvent augmenter les risques de maladies cardiaques.

Les protéines sont indispensables pour la croissance et la réparation des tissus corporels ainsi que pour la satiété. Privilégiez des protéines de qualité telles que les viandes maigres, les poissons, les volailles, les œufs, les laitages, les légumineuses.

Le rôle du petit déjeuner

Le petit déjeuner est un repas comme les autres mais pas indispensable pour ceux qui n'en ressentent pas le besoin. Il est cependant très important de bien l'équilibrer. Le petit déjeuner français classique est souvent trop sucré et manque de protéines et de fibres, ce qui engendre des fringales dans la matinée.

Personnellement, j'ai longtemps zappé le petit déjeuner et il m'arrive encore souvent de ne pas en prendre mais je me suis rendu compte que j'avais davantage envie de craquer durant la journée lorsque je ne mangeais pas le matin.

Le petit déjeuner vous donne l'énergie dont vous avez besoin pour démarrer la journée. Il est capital lorsque vous essayez de perdre du poids, car il peut vous aider à contrôler vos fringales et à éviter de manger trop lors des repas suivants.

Il faut privilégier un petit déjeuner riche en protéines et en fibres, car ces nutriments vous aideront à vous sentir rassasié plus longtemps, contrairement à des céréales ou à des biscuits industriels riches en sucre et en matières grasses.

Pour un petit déjeuner riche en protéines, optez pour les œufs, le fromage blanc, le saumon fumé…

Pour un petit déjeuner riche en fibres : les fruits, les légumes, les céréales complètes, les noix et les graines seront vos alliés.

Mes petits déjeuners

Voici 14 recettes de petits déjeuners salés et sucrés, certaines plus rapides que d'autres à réaliser. N'hésitez pas à vous organiser pour gagner du temps en préparant vos petits déjeuners la veille (par exemple les brioches ou les pancakes).

recette express

Porridge à la vanille

Cette recette est mon incontournable : quand je suis pressée le matin, ou lorsque je n'ai pas d'inspiration, je fais un porridge ! Ça remplit bien le ventre pour toute la matinée et c'est délicieux. Vous pouvez l'accompagner du topping de votre choix

POUR *1 personne*

PRÉPARATION *8 minutes*

CUISSON *3 minutes*

430 kcal

LIPIDES	16
GLUCIDES	63
PROTÉINES	18

45 g de flocons d'avoine
250 ml de lait
100 ml d'eau
1 c. à café d'arôme de vanille

Topping

½ banane
1 c. à soupe de beurre de cacahuète
10 g de muesli
Quelques graines de chia

1. Dans une casserole, versez le lait, l'eau et les flocons d'avoine. Faites cuire à feu moyen pendant 5 minutes en remuant régulièrement.

2. Ajoutez l'arôme de vanille et continuez la cuisson en mélangeant pendant 3 minutes.

3. Épluchez puis coupez ½ banane en rondelles.

4. Versez le porridge dans un bol, ajoutez sur le dessus les rondelles de banane, du muesli et le beurre de cacahuète. Parsemez de graines de chia et régalez-vous !

ASTUCES GOURMANDES

Ce qui est trop chouette avec le porridge, c'est que vous pouvez varier les goûts à l'infini ! Si vous n'êtes pas fan de l'arôme de vanille, vous pouvez ajouter de la cannelle ou bien du spéculoos émietté. À vous de jouer !

Porridge chocolat, banane caramélisée

POUR *1 personne*
PRÉPARATION *15 minutes*
CUISSON *3 minutes*

579 kcal

LIPIDES	27
GLUCIDES	63
PROTÉINES	19

445 g de flocons d'avoine
250 ml de lait
100 ml d'eau
1 carré de chocolat au lait

Topping

½ banane
1 c. à café d'huile de coco
30 g de skyr vanille (ou nature)
10 g de noix de pécan

1. Dans une casserole, versez le lait, l'eau et les flocons d'avoine. Faites cuire à feu moyen pendant 5 minutes en remuant régulièrement. Ajoutez le chocolat et mélangez jusqu'à ce qu'il soit bien fondu.

2. Épluchez puis coupez ½ banane en rondelles. Dans une poêle, versez l'huile de coco et faites caraméliser les rondelles de banane 3 minutes sur chaque face.

3. Versez le porridge dans un bol, ajoutez sur le dessus les bananes caramélisées, le skyr et les noix de pécan. Régalez-vous !

ASTUCE GOURMANDE

Vous pouvez utiliser le chocolat de votre choix. Personnellement, je préfère le chocolat au lait qui apporte un côté léger, crémeux et légèrement sucré.

Granola croustillant

Avec cette recette, laissez libre cours à vos envies et variez les goûts. Créez votre propre mélange avec, par exemple, du granola chocolat, du granola aux graines ou aux noix de cajou ! Une fois cuit, transférez le granola dans une boîte hermétique où il pourra se conserver à température ambiante jusqu'à un mois. Je vous conseille d'équilibrer ce petit déjeuner avec du fromage blanc ou du skyr pour l'apport en protéines.

POUR
2 personnes

PRÉPARATION
5 minutes

CUISSON
20 minutes

Granola croustillant au chocolat

264 kcal / pers.

LIPIDES	12,5
GLUCIDES	29
PROTÉINES	6,5

550 g de flocons d'avoine - 25 g de sirop d'érable - 1 c. à café d'arôme de vanille - 1 c. à café de beurre de cacahuète - 1 c. à café de cacao en poudre (non sucré) - 15 g de noisettes - 20 g de chocolat - 1 pincée de sel

1. Préchauffez le four à 150 °C. **2.** Dans un saladier, mélangez tous les ingrédients, sauf le chocolat, jusqu'à l'obtention d'un rendu « collant ». **3.** Sur une plaque recouverte de papier cuisson, étalez la préparation sur environ ½ cm d'épaisseur et tassez le tout. **4.** Enfournez 10 minutes. Sortez la plaque, remuez, puis enfournez 10 minutes supplémentaires. Une fois la cuisson terminée, laissez refroidir pour avoir un granola bien croustillant. **5.** Émiettez le granola de la taille de votre choix. Perso, j'aime laisser de gros morceaux. Concassez le chocolat et ajoutez-le au granola.

Granola croustillant aux graines

276 kcal/pers.

LIPIDES	14,5
GLUCIDES	29
PROTÉINES	8

50 g de flocons d'avoine - 25 g de sirop d'érable - 1 c. à café d'arôme de vanille - 1 c. à café de beurre de cacahuète - 10 g de graines de courge - 10 g de graines de tournesol - 10 g de noix de pécan - 10 g d'amandes effilées - 1 pincée de sel

1. Préchauffez le four à 150°C. **2.** Dans un saladier, mélangez tous les ingrédients jusqu'à l'obtention d'un rendu « collant ». **3.** Sur une plaque recouverte de papier cuisson, étalez la préparation sur environ ½ cm d'épaisseur et tassez le tout. **4.** Enfournez 10 minutes. Sortez la plaque, remuez, puis enfournez 10 minutes supplémentaires. Une fois la cuisson terminée, laissez refroidir pour avoir un granola bien croustillant. **5.** Émiettez le granola de la taille de votre choix.

Granola croustillant aux amandes & noix de cajou

274 kcal/pers.

LIPIDES	13,5
GLUCIDES	31
PROTÉINES	7,5

50 g de flocons d'avoine - 25 g de sirop d'érable - 1 c. à café d'arôme de vanille - 1 c. à café de beurre de cacahuète - 10 g de noix de cajou non salées - 10 g d'amandes entières - 10 g d'amandes effilées - 10 g de chocolat - 1 pincée de sel

1. Préchauffez le four à 150°C. **2.** Dans un saladier, mélangez tous les ingrédients, sauf le chocolat, jusqu'à l'obtention d'un rendu « collant ». **3.** Sur une plaque recouverte de papier cuisson, étalez la préparation sur environ ½ cm d'épaisseur et tassez le tout. **4.** Enfournez 10 minutes. Sortez la plaque, remuez, puis enfournez 10 minutes supplémentaires. Une fois la cuisson terminée, laissez refroidir pour avoir un granola bien croustillant. **5.** Émiettez le granola de la taille de votre choix. Concassez le chocolat et ajoutez-le au granola.

recette express

Tacos pancakes compote de pommes

À chaque fois, je fais en sorte de doubler les quantités pour en avoir pour le lendemain. Ces pancakes se conservent très bien au réfrigérateur. J'adore les manger avec du skyr vanille : c'est peu calorique, et très savoureux.

POUR *1 personne*

PRÉPARATION *5 minutes*

CUISSON *6 minutes*

386 kcal

LIPIDES	6
GLUCIDES	60
PROTÉINES	19

Pour 4 pancakes

1 œuf entier

50 g de fromage blanc 0 % de MG

50 g de compote de pommes sans sucres ajoutés

75 g de farine blanche (ou autre)

1 c. à café de levure chimique

½ c. à café d'arôme de vanille

Topping

Skyr vanille

Sirop d'agave

Fraises

Myrtilles

Bananes

1. Dans un saladier, mélangez tous les ingrédients de la pâte à l'aide d'un fouet, jusqu'à l'obtention d'une pâte homogène sans grumeaux.

2. Dans une poêle chaude, versez des louches de pâte en veillant à former des disques de taille moyenne.

3. Retournez chaque pancake lorsque la pâte forme des bulles. Il faut compter environ 3 minutes de cuisson pour chaque face.

4. Dégustez-les nature ou accompagnés de toppings de votre choix.

recette express

Pancakes fluffy à la banane

POUR *1 personne*

PRÉPARATION *5 minutes*

CUISSON *6 minutes*

448 kcal

LIPIDES	5
GLUCIDES	85
PROTÉINES	15

Pour 4 pancakes

1 œuf entier

75 g de farine blanche (ou autre)

1 c. à café de levure chimique

½ c. à café d'arôme de vanille

1 banane bien mûre

Topping

Beurre de cacahuète ou purée d'amande

Skyr vanille ou fromage blanc

Quelques rondelles de banane

1. Dans un saladier, mélangez la banane écrasée, la levure, l'œuf, la farine et l'arôme de vanille à l'aide d'un fouet jusqu'à l'obtention d'une pâte homogène sans grumeaux.

2. Dans une poêle chaude, versez des louches de pâte en veillant à former des ronds de taille moyenne.

3. Retournez chaque pancake dès que la pâte forme des bulles. Il faut compter environ 3 minutes de cuisson pour chaque face.

4. Dégustez-les nature ou accompagnés de toppings de votre choix.

Briochettes healthy

J'adore ces brioches ! Elles sont super moelleuses et tendres. Je dirais même qu'elles me réconfortent. Elles sont parfaites pour bien commencer la journée ! En général, je m'organise pour les préparer à l'avance le week-end.

POUR *6 briochettes*

PRÉPARATION *10 minutes*

CUISSON *20 minutes*

185 kcal/ briochettes

LIPIDES	24
GLUCIDES	68
PROTÉINES	17

75 g de fromage blanc 0 % de MG

1 c. à soupe d'huile de coco

75 g de farine

½ c. à café de levure chimique

15 g de pépites de chocolat

1 c. à café d'arôme de vanille

1 jaune d'œuf

1. Préchauffez le four à 180 °C.

2. Dans un saladier, mélangez le fromage blanc, l'huile de coco, la farine, la levure chimique, les pépites de chocolat et l'arôme de vanille.

3. Formez 3 boules et badigeonnez-les de jaune d'œuf. Enfournez 20 minutes.

CONSEIL HEALTHY

Je vous conseille d'accompagner une briochette avec du skyr ou du fromage blanc pour les protéines et un fruit pour l'apport en fibres.

Smoothie bowl

recette express

POUR *1 personne*

PRÉPARATION *5 minutes*

CUISSON *aucune*

386 kcal

LIPIDES	8,5
GLUCIDES	74
PROTÉINES	10

Smoothie

1 banane surgelée
120 g de fraises surgelées
50 g de myrtilles surgelées
45 ml de lait
1 c. à café de graines de chia

Topping

½ banane
20 g de muesli
10 g de pistaches non salées
1 c. à café de graines de chia

1. Dans un mixeur, mixez la banane, les fraises, les myrtilles, le lait jusqu'à l'obtention d'une consistance homogène et onctueuse.

2. Versez le smoothie dans un bol et ajoutez les fruits frais sur le dessus ainsi que le muesli et les graines de chia.

3. Dégustez immédiatement !

CONSEIL HEALTHY

Vous pouvez varier les toppings en fonction des fruits de saison. Faites attention, le smoothie bowl peut vite devenir calorique en fonction des toppings !

succès Instagram

Œuf Bénédicte

POUR *1 personne*

PRÉPARATION *10 minutes*

CUISSON *7 minutes*

540 kcal

LIPIDES	36
GLUCIDES	25
PROTÉINES	27

1 pain muffin complet
2 œufs
20 g de saumon fumé
55 g d'avocat
Flocons de piment
Poivre
1 filet de vinaigre blanc

Sauce

10 g de beurre
2 c. à soupe de jus de citron
1 jaune d'œuf
Sel, poivre

1. Coupez le muffin en deux et grillez-le au grille-pain.

2. Faites frémir une casserole d'eau avec un filet de vinaigre blanc. Cassez un œuf dans un petit récipient, versez-le délicatement dans l'eau et pochez-le pendant 2 à 3 minutes. Répétez l'opération avec le second œuf.

3. Dans une poêle sur feu moyen, mélangez le beurre, le jus de citron, le jaune d'œuf, du sel et du poivre pendant environ 4 minutes jusqu'à ce que la texture devienne épaisse. Ne cuisez pas trop le mélange pour ne pas faire coaguler le jaune d'œuf.

4. Écrasez l'avocat dans un bol avec du poivre.

5. Recouvrez chaque tranche de pain d'avocat écrasé, de saumon, d'un œuf poché, puis nappez de sauce.

6. Ajoutez sur le dessus du poivre, des flocons de piment et dégustez !

ASTUCES GOURMANDES

Pour la team « salé au petit déjeuner », vous allez adorer ces œufs Bénédicte. Je vous conseille de les déguster avec des crudités pour l'apport en fibres. Si c'est trop copieux pour vous, ne prévoyez qu'un seul œuf !

recette express

Crêpes à la fraise

Qui a dit que les crêpes étaient trop caloriques ? Faites-vous plaisir avec ce petit déjeuner bien gourmand, je vous avoue qu'il fait partie de mon top 3 le matin.

POUR *1 personne*

PRÉPARATION *10 minutes*

CUISSON *4 minutes*

370 kcal

LIPIDES	7
GLUCIDES	51
PROTÉINES	24

Pour 4 crêpes

1 œuf
50 g de farine
100 ml de lait
50 ml d'eau
½ c. à café d'arôme de vanille

Garniture

100 g de skyr vanille
50 g de fraises

1. Dans un saladier, mélangez tous les ingrédients jusqu'à l'obtention d'une pâte lisse, sans grumeaux.

2. Faites chauffer une poêle antiadhésive à feu moyen. Versez une louche de pâte et faites cuire chaque crêpe 30 secondes de chaque côté.

3. Écrasez les fraises en purée.

4. Garnissez vos crêpes de skyr vanille et de fraises écrasées, pliez-les en deux et régalez-vous !

VARIANTES GOURMANDES

J'alterne souvent les fraises avec des framboises ou des myrtilles !

Pain perdu

POUR
1 personne

PRÉPARATION
10 minutes

CUISSON
8 minutes

366 kcal

LIPIDES	10
GLUCIDES	49
PROTÉINES	17

2 tranches de pain de mie
40 ml de lait
1 c. à café de sucrant (stévia)
1 œuf
3 g de beurre
½ c. à café d'arôme de vanille

Topping

40 g de fraises
45 g de skyr vanille

1. Dans un bol, mélangez l'œuf, le lait, l'arôme de vanille et le sucrant.

2. Trempez les tranches de pain de mie dans le mélange, veillez à ce qu'elles soient bien imbibées.

3. Dans une poêle, faites fondre le beurre et toastez vos pains environ 4 minutes sur chaque face jusqu'à ce qu'ils soient dorés.

4. Écrasez les fraises en purée.

5. Dressez les pains perdus sur une assiette. Ajoutez sur le dessus du skyr vanille et de la purée de fraises. Régalez-vous !

VARIANTES GOURMANDES

Vous pouvez utiliser du pain de mie complet, du pain, ou même de la brioche, tout fonctionne et c'est délicieux !

recette express

Avocado toast burrata

POUR *1 personne*

PRÉPARATION *5 minutes*

CUISSON *aucune*

421 kcal

LIPIDES	17
GLUCIDES	48
PROTÉINES	17

2 tranches de pain de campagne

40 g d'avocat

60 g de burrata

1 c. à café de jus de citron

Quelques feuilles de basilic

1 c. à soupe de crème de balsamique

Sel, poivre

1. Faites griller les tranches de pain au grille-pain ou au four.

2. Dans un bol, écrasez l'avocat avec le jus de citron, du sel, du poivre, puis mélangez.

3. Étalez l'avocat sur les tranches de pain, puis déposez la burrata. Terminez par un filet de crème de balsamique, quelques feuilles de basilic, salez, poivrez et dégustez !

recette express

Avocado toast saumon & œuf poché

POUR *1 personne*

PRÉPARATION *5 minutes*

CUISSON *3 minutes*

495 kcal

LIPIDES	19
GLUCIDES	50
PROTÉINES	29

2 tranches de pain de campagne

1 œuf

1 tranche de saumon

40 g d'avocat

30 g de fromage frais type St-Môret léger

1 c. à café de jus de citron

1 filet de vinaigre blanc

Sel, poivre

Topping

Flocons de piment

Quelques brins de ciboulette

1. Faites griller les tranches de pain au grille-pain ou au four.

2. Dans un bol, écrasez l'avocat avec le fromage frais, le jus de citron, du sel et du poivre, puis mélangez.

3. Faites frémir une casserole d'eau avec un filet de vinaigre blanc. Cassez l'œuf dans un petit récipient, versez-le délicatement dans l'eau et pochez-le 2 à 3 minutes.

4. Étalez l'avocat sur les tranches de pain, puis déposez le saumon et l'œuf poché. Salez et poivrez, déposez quelques flocons de piment, un peu de ciboulette ciselée et dégustez !

ASTUCE GOURMANDE

Ces toasts sont super rapides à réaliser. J'alterne souvent entre œuf au plat et œuf poché. J'adore le moment où le jaune dégouline sur le pain bien croustillant… Miam !

recette express

Toast chèvre frais & pêche rôtie

Je trouve ce petit déjeuner original. De temps en temps, ça fait du bien de découvrir de nouvelles saveurs. L'association chèvre frais et pêche, c'est merveilleux !

POUR *1 personne*

PRÉPARATION *5 minutes*

CUISSON *2 minutes*

412 kcal

LIPIDES	8
GLUCIDES	47
PROTÉINES	12

2 tranches de pain complet (80 g)
1 pêche
50 g de fromage de chèvre frais
1 c. à soupe de miel
Romarin
Sel, poivre

1. Coupez la pêche en petits quartiers et badigeonnez-les de miel et de romarin.

2. Faites dorer les quartiers de pêche 1 minute de chaque côté dans une poêle antiadhésive.

3. Toastez 2 tranches de pain complet au grille-pain.

4. Ajoutez sur le pain le fromage de chèvre frais, puis les pêches.

5. Salez, poivrez, ajoutez un filet de miel et dégustez !

recette express

Omelette épinards & champignons

POUR *1 personne*
PRÉPARATION *5 minutes*
CUISSON *10 minutes*

268 kcal

LIPIDES	18
GLUCIDES	5
PROTÉINES	20

2 œufs
100 g de champignons de Paris
½ gousse d'ail
2 poignées d'épinards frais
10 g d'emmental râpé
10 g de mozzarella râpée
1 c. à café d'huile d'olive
Sel, poivre

Topping
Ciboulette ciselée

1. Coupez les champignons en lamelles et hachez l'ail.

2. Dans une poêle, faites revenir l'ail, les champignons et les épinards avec l'huile d'olive pendant 5 minutes à feu vif, en mélangeant régulièrement. Réservez la préparation dans un plat.

3. Dans un bol, battez les œufs avec du sel et du poivre.

4. Dans la même poêle, ajoutez les œufs battus et laissez cuire 5 minutes à couvert à feu moyen.

5. Répartissez les champignons et les épinards sur l'omelette, ajoutez les fromages râpés et pliez celle-ci en deux.

6. Parsemez de ciboulette ciselée et dégustez !

VARIANTES GOURMANDES

N'hésitez pas à varier les saveurs : remplacez la garniture par un mélange de saumon fumé, de ciboulette et de fromage frais ; ou bien des tomates cerises, du jambon et de l'avocat ! Laissez libre cours à votre imagination.

Mes ingrédients fétiches

Voici les ingrédients que j'ai toujours à portée de main, dans mon placard ou mon frigo. Sans eux, je suis perdue !

LES ÉPICES

J'intègre des épices dans toutes mes recettes, elles permettent d'ajouter de la saveur dans mes plats. Mes préférées : le curry, le cumin et le paprika.

LES PÂTES

J'en ai une multitude, ça sert toujours et c'est tellement bon. C'est facile et rapide à préparer. Avec une sauce ou en salade, c'est parfait. J'ai une petite préférence pour les coquillettes.

LE RIZ

Le basmati est mon préféré pour accompagner mes plats de légumes, viande ou poisson.

UNE BONNE HUILE D'OLIVE

L'indispensable dans ma cuisine, j'opte toujours pour une huile vierge extra qui est produite à partir d'olives fraîches et non raffinées, ce qui la rend pure et de haute qualité.

LES ŒUFS

Ils sont économiques et nutritifs ! Ça me sauve toujours quand je manque d'inspiration.

LE PARMESAN

Je pourrais en mettre dans tous mes plats, j'adore ça !

LE SKYR

J'aime beaucoup le skyr nature, mais surtout le skyr vanille. Je vous conseille vraiment de tester. En plus d'être bon, le skyr est pauvre en gras, en calories et riche en protéines. Attention cependant aux ajouts de sucre, veillez à rester sous les 10 g/100 g dans la ligne « dont sucre ».

LES ÉPINARDS FRAIS

J'en ai toujours dans mon frigo. Pour mes plats en sauce, j'adore !

LE FROMAGE FRAIS

J'en consomme toute l'année. Mes favoris : St-Morêt, Carré Frais, Philadelphia et Vache-qui-rit.

LES COMPOTES

Je les prépare moi-même, à base de pommes ou de poires, au petit déjeuner ou pour le dessert. Je les mélange avec du fromage blanc et c'est délicieux !

LES FRUITS ET LÉGUMES DE SAISON

Ils sont tout simplement incontournables.

LES FRUITS À COQUE

J'ai toujours des noix, des amandes ainsi que des noix de cajou dans des bocaux. Pour un petit creux, c'est très utile !

Mes plats du quotidien

Vous trouverez plus de 30 recettes de plats que j'affectionne particulièrement afin d'alterner suivant les saisons, vos goûts et vos envies. La plupart sont pour 1 personne, cependant n'hésitez pas à doubler ou tripler les quantités pour en avoir pour plusieurs jours ou si vous souhaitez en faire profiter votre famille. Vous trouverez aussi 4 doubles pages bonus qui présentent mes recettes saines et gourmandes d'apéros et pains maison, de sauces et vinaigrettes préférées et mes alternatives aux pâtes industrielles.

Poulet pané & carottes confites

Cette recette me tient beaucoup à cœur car elle vient de ma grand-mère. C'est un plat qu'elle adorait me préparer quand je venais manger chez elle après l'école.

POUR *1 personne*

PRÉPARATION *25 minutes*

CUISSON *1 h 10*

REPOS *20 minutes*

592 kcal

LIPIDES	21
GLUCIDES	57
PROTÉINES	42

Poulet pané

120 g de blanc de poulet
1 œuf
30 ml de lait
5 g de fécule de maïs
1 c. à café d'ail en poudre
1 c. à café de paprika
1 c. à café d'échalotes séchées
1 pincée d'herbes de Provence
Sel, poivre
40 g de chapelure

Carottes confites

220 g de carottes
1 échalote
1 gousse d'ail
1 c. à soupe d'huile d'olive
1 c. à café de muscade
Sel, poivre

Topping

Jus de citron
Coriandre

1. Dans un bol, mélangez l'œuf, le lait, la fécule et les épices. Trempez les filets de poulet dans le mélange, filmez et laissez au frais 20 minutes minimum.

2. Coupez les carottes en rondelles, émincez l'échalote et hachez l'ail. Dans une poêle, faites revenir l'ail et l'échalote avec l'huile d'olive pendant 3 minutes à feu moyen. Ajoutez les rondelles de carotte avec les épices. Laissez mijoter 30 minutes à feu moyen afin que les carottes soient bien fondantes. Si votre couteau se plante facilement dans la carotte, la cuisson est terminée.

3. Préchauffez le four à 180 °C. Trempez le poulet dans la chapelure puis à nouveau dans la marinade et terminez par la chapelure. Déposez les filets de poulet sur une plaque de cuisson recouverte de papier sulfurisé. Enfournez 35 minutes.

4. Dans une assiette, dressez les carottes fondantes, ajoutez le poulet pané sur le dessus, un filet de jus de citron et quelques feuilles de coriandre.

CONSEILS GOURMANDS

N'oubliez pas le jus de citron sur les filets de poulet, ça fait toute la différence ! Si vous n'aimez pas la coriandre vous pouvez la remplacer par du persil.

Pâtes crémeuses aux courgettes

Je n'ai pas les mots pour vous décrire cette recette et la suivante, le goût est merveilleux et c'est déclinable à toutes les sauces ! Au potimarron, à la butternut, aux poireaux… Bref, je vous laisse tester, et surtout n'oubliez pas le parmesan sur le dessus !

POUR *1 personne*

PRÉPARATION *15 minutes*

CUISSON *20 minutes*

586 kcal

LIPIDES	20
GLUCIDES	62
PROTÉINES	43

60 g de pâtes

Sauce

320 g de courgettes
½ oignon
1 c. à café d'huile d'olive
½ gousse d'ail
10 g de parmesan
5 g de noix de cajou non salées
2 c. à soupe de crème liquide à 4 % de MG
Quelques feuilles de basilic
Poivre

Poulet

100 g de blanc de poulet
½ c. à café d'ail en poudre, de paprika et de poivre
1 c. à café d'huile d'olive

Topping

Ciboulette ciselée
5 g de parmesan râpé

1. Coupez les courgettes en morceaux et émincez l'oignon. Faites cuire le tout à feu moyen, environ 20 minutes, dans une poêle avec l'huile d'olive.

2. Badigeonnez le poulet d'épices et faites-le cuire environ 15 minutes dans une poêle avec l'huile d'olive.

3. Portez une casserole d'eau salée à ébullition et faites cuire les pâtes en suivant les indications du paquet.

4. Dans un mixeur, mixez les courgettes cuites, l'ail, le poivre, les noix de cajou, le basilic, le parmesan, la crème liquide et 1 louchée d'eau de cuisson des pâtes jusqu'à l'obtention d'une sauce homogène et lisse.

5. Égouttez les pâtes, mélangez-les à la sauce et dressez dans une assiette.

6. Coupez le filet de poulet en morceaux et déposez-le sur les pâtes. Poivrez, parsemez de ciboulette et de parmesan. Régalez-vous !

Pâtes crémeuses à la butternut

POUR
1 personne

PRÉPARATION
15 minutes

CUISSON
30 minutes

600 kcal

LIPIDES	17
GLUCIDES	77
PROTÉINES	39

60 g de pâtes

Crème de butternut

300 g de butternut
1 c. à café d'huile d'olive
½ gousse d'ail
10 g de parmesan
5 g de noix de cajou non salées
2 c. à soupe de crème liquide à 4 % de MG
Sel, poivre

Poulet

100 g de blanc de poulet
½ c. à café d'ail en poudre, de paprika et de poivre
1 c. à café d'huile d'olive

Topping

Ciboulette ciselée
5 g de parmesan râpé
Poivre

1. Préchauffez le four à 200 °C.

2. Épluchez et coupez la butternut en petits morceaux. Déposez-les sur une plaque de cuisson recouverte de papier sulfurisé, arrosez d'huile d'olive, salez, poivrez. Enfournez environ 30 minutes jusqu'à ce que la courge soit tendre.

3. Badigeonnez le poulet d'épices et faites-le cuire environ 15 minutes dans une poêle avec l'huile d'olive.

4. Portez une casserole d'eau salée à ébullition et faites cuire les pâtes selon les indications du paquet.

5. Dans un mixeur, mixez la butternut cuite (gardez quelques cubes pour le service), l'ail, le poivre, les noix de cajou, le parmesan, la crème liquide et 1 louchée d'eau de cuisson des pâtes jusqu'à l'obtention d'une sauce homogène et lisse.

6. Égouttez les pâtes, mélangez-les à la sauce et dressez dans une assiette. Coupez le filet de poulet en morceaux et déposez-le sur les pâtes.

7. Ajoutez les cubes de butternut réservés, poivrez, et parsemez de ciboulette et de parmesan. Régalez-vous !

« Je cuisine sans prise de tête et je me fais plaisir ! »

Chakchouka

POUR
1 personne

PRÉPARATION
10 minutes

CUISSON
18 minutes

507 kcal

LIPIDES	22
GLUCIDES	46
PROTÉINES	27

2 œufs
100 g d'aubergine
100 g de poivron rouge
100 g de pois chiches (cuits)
1 tomate
30 g d'oignon rouge
1 gousse d'ail
1 c. à café d'huile d'olive
150 g de coulis de tomates
½ c. à café de paprika, de curcuma, de cumin
Sel, poivre

Topping

30 g de feta
Coriandre

1. Émincez l'oignon en lamelles et faites-les revenir dans une poêle à feu vif avec l'huile d'olive pendant environ 4 minutes, en remuant.

2. Coupez l'aubergine, le poivron, la tomate en cubes. Hachez finement la gousse d'ail.

3. Ajoutez dans la poêle les pois chiches, le poivron, l'aubergine, la tomate, les épices et l'ail, mélangez 5 minutes à feu moyen.

4. Versez le coulis de tomates et mélangez. Laissez cuire 5 minutes à couvert.

5. Formez des petits puits et ajoutez les œufs. Faites cuire 4 minutes à couvert.

6. Une fois la cuisson terminée, émiettez la feta et parsemez de coriandre. Bon appétit !

CONSEIL PRATIQUE

J'ai l'habitude de réaliser cette recette quand je manque de temps et que je veux me régaler. Vous pouvez y ajouter les légumes de votre choix.

Butter chicken naan

POUR *1 personne* | **PRÉPARATION** *15 minutes* | **CUISSON** *26 minutes* | **REPOS** *30 minutes*

411 kcal

LIPIDES	7
GLUCIDES	36
PROTÉINES	45

Poulet

130 g de blanc de poulet

40 g de yaourt grec à 0 % de MG

½ c. à café de cumin, de garam masala, de paprika, de piment en poudre, de gingembre, d'ail en poudre et de curcuma

Sel, poivre

Sauce

25 g d'oignon jaune

½ c. à café de garam masala, de paprika, de cumin, de gingembre, d'ail en poudre et de curcuma

1 c. à café d'huile d'olive

25 ml d'eau

75 g de concassé de tomates

30 g de yaourt grec à 0 % de MG

Naan

35 g de farine blanche

30 g de fromage blanc à 0 % de MG

½ c. à café de levure chimique

1 Vache-qui-rit légère

½ c. à café d'ail en poudre

Sel, poivre

Topping

Coriandre

Yaourt grec

1. Dans un saladier, mettez le poulet coupé en morceaux, le yaourt, les épices, mélangez pour répartir la préparation sur tout le poulet, filmez et placez au frais 30 minutes.

2. Réalisez la sauce. Dans une poêle à feu moyen, mélangez l'oignon émincé, les épices, l'huile d'olive et 25 ml d'eau, couvrez pendant 5 minutes. Ajoutez le concassé de tomates et le yaourt grec, mélangez et laissez cuire 5 minutes. Mixez la préparation pour obtenir une sauce lisse.

3. Dans la même poêle, faites cuire le poulet avec sa marinade pendant 10 minutes à feu moyen, puis ajoutez la sauce mixée. Réservez.

4. Réalisez le naan. Dans un saladier, mélangez la farine, le fromage blanc, la levure et l'ail, salez et poivrez. Pétrissez la pâte et formez une boule. Aplatissez-la de façon à obtenir un disque puis étalez au centre la Vache-qui-rit. Repliez enfin le naan sur lui-même en veillant à bien souder les bords. Dans une poêle bien chaude, faites cuire le naan 2 à 3 minutes sur chaque face.

5. Dressez dans une assiette le naan au fromage et le butter chicken. Parsemez de coriandre et ajoutez un petit filet de yaourt grec.

CONSEIL GOURMAND

Dégustez ce butter chicken avec du riz si vous le souhaitez.

Velouté petits pois, courgette, Vache-qui-rit

J'adore réaliser ce velouté après une longue journée de travail, je trouve ce repas super réconfortant !

POUR
1 personne

PRÉPARATION
15 minutes

CUISSON
15 minutes

391 kcal

LIPIDES	18
GLUCIDES	37
PROTÉINES	23

1 courgette (environ 300 g)
½ oignon
1 gousse d'ail
1 cube de bouillon de légumes
350 ml d'eau
100 g de petits pois surgelés
3 Vache-qui-rit légères
1 c. à café d'huile d'olive
Poivre

Topping

1 œuf
1 filet de vinaigre blanc
10 g d'oignons frits

1. Coupez la courgette en morceaux, émincez l'oignon et hachez l'ail. Faites cuire les morceaux de courgette à la vapeur.

2. Dans une casserole, faites revenir l'oignon et l'ail avec l'huile d'olive environ 4 minutes. Quand l'oignon devient translucide, ajoutez l'eau puis émiettez le bouillon de légumes. Portez à ébullition puis ajoutez les petits pois et poivrez. Il faut que l'eau recouvre les petits pois, si ce n'est pas le cas, rajoutez de l'eau. Laissez cuire environ 6 à 8 minutes.

3. Dans un mixeur, mixez la courgette, les petits pois cuits, 1 louchée de bouillon de légumes et les Vache-qui-rit jusqu'à l'obtention d'un mélange homogène. Si vous souhaitez un velouté bien lisse, vous pouvez le passer à la passoire.

4. Faites frémir une casserole d'eau avec un filet de vinaigre blanc. Cassez l'œuf dans un petit récipient, versez-le délicatement dans l'eau et pochez-le 2 à 3 minutes.

5. Vous n'avez plus qu'à dresser le velouté dans un bol avec l'œuf poché et des oignons frits, bon app' !

CONSEILS GOURMANDS

Je vous conseille vraiment de passer le velouté à la passoire pour un rendu beaucoup plus lisse. Vous pouvez aussi accompagner ce plat d'une tranche de pain complet.

succès Instagram

Cordon-bleu aux courgettes

POUR *3 personnes*

PRÉPARATION *15 minutes*

CUISSON *25 minutes*

83 kcal/pers.

LIPIDES	3
GLUCIDES	8,5
PROTÉINES	5,5

Pour 9 cordons-bleus

2 courgettes (moyennes)
3 tranches d'emmental
2 tranches de jambon
1 œuf
50 g de farine blanche
75 g de chapelure
30 g de parmesan
Sel, poivre

1. Préchauffez le four à 180 °C.

2. Lavez puis coupez les extrémités des courgettes. Coupez-les en rondelles d'environ ½ cm d'épaisseur. Coupez le jambon et le fromage en morceaux de la taille des rondelles de courgette.

3. Ajoutez le fromage et le jambon sur la moitié des rondelles de courgette. Recouvrez avec le reste des rondelles de courgette.

4. Disposez trois bols. Dans le premier, versez la farine ; dans le deuxième, l'œuf battu avec une pincée de sel et de poivre ; dans le troisième, la chapelure au parmesan.

5. Passez le cordon-bleu d'abord dans la farine, puis dans l'œuf et enfin dans le mélange chapelure-parmesan.

6. Disposez les cordons-bleus sur une plaque de cuisson recouverte de papier sulfurisé et enfournez 25 minutes.

VARIANTE GOURMANDE

Encore une recette que vous pouvez personnaliser en fonction de vos goûts et de vos envies. Je fais souvent un mélange de tranches d'emmental et de cheddar !

Tajine keftas aux œufs

Je me devais de vous partager la recette de mon tajine aux aubergines et keftas, ça fond en bouche, c'est délicieux !

POUR
2 personnes

PRÉPARATION
15 minutes

CUISSON
40 minutes

453 kcal/pers.

LIPIDES	15
GLUCIDES	52
PROTÉINES	30

Boulettes

150 g de viande hachée 5 % de MG (bœuf)

½ oignon et 1 gousse d'ail

1 c. à café d'huile d'olive

1 c. à café de cumin, de paprika, de curcuma et de ras-el-hanout

1 poignée de coriandre

Sel, poivre

Sauce

½ oignon et 1 gousse d'ail

200 g d'aubergines

1 tomate

1 c. à café d'huile d'olive

100 g de coulis de tomates

1 c. à café de concentré de tomates

Quelques feuilles de coriandre

1 c. à café de cumin, de paprika, de curcuma, de ras-el-hanout

Sel, poivre

Garniture

2 œufs

Coriandre

4 tranches de pain complet (150 g)

1. Dans un saladier, malaxez la viande hachée, le ½ oignon haché, la gousse d'ail hachée, l'huile d'olive, les épices, du sel, du poivre et la coriandre ciselée. Mélangez bien et formez des boulettes. Faites précuire les boulettes 3 minutes dans un plat à tajine ou une poêle profonde et réservez-les.

2. Dans le même plat, gardez le jus de cuisson des boulettes et faites revenir dans 1 c. à café d'huile d'olive l'oignon émincé, l'aubergine et la tomate en morceaux ainsi que l'ail haché environ 4 minutes.

3. Ajoutez le coulis de tomates, le concentré de tomates, les épices, la coriandre ciselée et laissez mijoter à feu doux pendant environ 20 minutes.

4. Disposez les boulettes sur le dessus de manière régulière et ajoutez environ 15 cl d'eau. Couvrez et laissez cuire les keftas 10 minutes environ en surveillant pour éviter que cela ne colle au fond du plat.

5. Une fois la cuisson de la viande terminée, cassez les œufs sur le dessus, couvrez et laissez cuire 3 minutes. Parsemez de coriandre et dégustez !

CONSEIL GOURMAND

N'hésitez pas à tremper le pain dans le jaune d'œuf bien coulant, miam !

Quesadillas poulet, poivron & avocat

POUR *1 personne* | **PRÉPARATION** *10 minutes* | **CUISSON** *30 minutes*

589 kcal

LIPIDES	27
GLUCIDES	45
PROTÉINES	42

1 wrap de blé complet
20 g de St-Môret léger
120 g de poivron rouge
50 g d'oignon rouge
1 c. à café d'huile d'olive
45 g d'avocat
1 c. à café de jus de citron
30 g de cheddar
Poivre

Poulet

100 g de blanc de poulet
1 c. à café de paprika
1 c. à café de cumin
1 c. à café de piment de Cayenne
Sel, poivre

Sauce

20 g de skyr
1 c. à soupe de jus de citron
½ c. à café d'ail en poudre
Quelques feuilles de coriandre
Sel, poivre

1. Préchauffez le four à 200 °C. Badigeonnez le poulet d'épices et enfournez-le 20 minutes. Une fois la cuisson terminée, effilochez-le à l'aide d'une fourchette.

2. Dans une poêle à feu moyen, faites revenir le poivron rouge et l'oignon émincés avec l'huile d'olive pendant 10 minutes en remuant régulièrement.

3. Étalez le St-Môret sur le wrap, écrasez l'avocat et ajoutez du poivre et du jus de citron. Déposez la préparation de poivron et d'oignon sur le dessus, puis le poulet effiloché. Terminez avec le cheddar râpé. Pliez le wrap en deux et toastez-le dans une poêle 3 minutes de chaque côté.

4. Préparez la sauce en mélangeant le skyr, le jus de citron, les épices et la coriandre hachée.

5. Coupez le wrap en quatre parts et trempez dans la sauce ! Bon app' !

VARIANTE HEALTHY

Vous pouvez remplacer la coriandre par du persil ou de la ciboulette.

recette express

Bagel au saumon

POUR *1 personne* | **PRÉPARATION** *15 minutes* | **CUISSON** *aucune*

429 kcal

LIPIDES	12
GLUCIDES	59
PROTÉINES	21

1 bagel
1 tranche de saumon fumé
35 g d'avocat
Quelques feuilles d'épinard frais
15 g d'oignon rouge
30 g de St-Môret léger
1 c. à café de jus de citron
Poivre

1. Coupez le bagel en deux et tartinez-le de St-Môret. Coupez l'oignon rouge en fines rondelles.

2. Déposez sur le fond du bagel des feuilles d'épinard, puis les rondelles d'oignon rouge. Ajoutez le saumon, l'avocat, le jus de citron et poivrez. Refermez. Dégustez !

VARIANTE HEALTHY

Si vous voulez réaliser votre pain bagel maison, moins calorique et bien moelleux, rendez-vous à la page 75.

Wrap au poulet croustilllant

POUR *1 personne*

PRÉPARATION *10 minutes*

CUISSON *20 minutes*

526 kcal

LIPIDES	17
GLUCIDES	49
PROTÉINES	42

1 tortilla de blé complet
2 feuilles de salade
2 rondelles de tomate
35 g d'avocat
1 c. à café de jus de citron
1 Vache-qui-rit légère
15 g de ketchup

Poulet

120 g de blanc de poulet
1 œuf
10 g de corn-flakes
1 c. à café d'ail en poudre
1 c. à café de paprika
Sel, poivre

Sauce

20 g de fromage blanc 0 % de MG
2 c. à soupe de jus de citron
Ail en poudre
Sel, poivre

1. Préchauffez le four à 200 °C.

2. Dans un bol, écrasez les corn-flakes pour les réduire en miettes puis ajoutez les épices.

3. Dans un second bol, battez l'œuf. Trempez le poulet dans l'œuf battu puis dans les corn-flakes, répétez l'opération une nouvelle fois. Déposez le poulet sur une plaque recouverte de papier de cuisson et enfournez 20 minutes.

4. Mélangez tous les ingrédients de la sauce.

5. Sur la tortilla, étalez la Vache-qui-rit et écrasez l'avocat avec un filet de jus de citron. Ajoutez la salade, les rondelles de tomate et le poulet coupé en deux. Sur le dessus, déposez la sauce à base de fromage blanc puis le ketchup. Pliez, toastez si vous le souhaitez et dégustez !

VARIANTES HEALTHY

Si vous n'avez pas de corn-flakes, vous pouvez utiliser de la chapelure ! Si vous voulez réaliser votre wrap maison, rendez-vous à la page 75.

Fish burger au cheddar

POUR
1 personne

PRÉPARATION
20 minutes

CUISSON
40 minutes

600 kcal

LIPIDES	20
GLUCIDES	69
PROTÉINES	36

1 pain burger brioché
1 tranche de cheddar
5 g d'oignon frit
3 feuilles de salade
15 g d'oignon rouge
30 g d'oignon jaune
1 c. à café d'huile d'olive

Poisson

100 g de filet de lieu noir
25 g de chapelure panko
1 œuf
15 g de farine
Sel, poivre

Sauce

30 g de fromage blanc
2 c. à soupe de jus de citron
2 cornichons
10 g de câpres
Quelques brins de ciboulette
½ c. à café d'ail en poudre
Sel, poivre

1. Détaillez finement l'oignon rouge en lamelles et émincez les feuilles de salade.

2. Préparez le confit d'oignon jaune : faites chauffer l'huile d'olive dans une poêle à feu moyen. Ajoutez l'oignon jaune émincé en fines lamelles et faites-le cuire à feu doux pendant 20 minutes, jusqu'à ce que les lamelles soient tendres et dorées.

3. Préparez le poisson : mélangez la chapelure panko, le sel et le poivre dans un bol. Battez l'œuf dans un autre bol. Dans un troisième bol, mettez la farine. Trempez le filet de lieu noir dans la farine, puis dans l'œuf battu et enfin dans la chapelure panko. Disposez le filet sur une plaque recouverte de papier cuisson et enfournez environ 15 minutes à 200 °C, jusqu'à ce qu'il soit bien doré.

4. Réalisez la sauce : dans un bol, mélangez le fromage blanc, le jus de citron, les cornichons et les câpres hachées, l'ail en poudre, la ciboulette ciselée, le sel et le poivre.

5. Coupez le pain burger en deux et déposez-le sur une plaque de cuisson. Ajoutez sur une des faces la tranche de cheddar et enfournez 3 minutes en mode gril.

6. Montez vos burgers en ajoutant sur le cheddar fondu un peu de sauce, le confit d'oignon, l'oignon frit, le filet de poisson pané, les feuilles de salade et les lamelles d'oignon rouge. Ajoutez le reste de la sauce sur l'autre tranche de pain et recouvrez.

VARIANTE HEALTHY

Si vous souhaitez réaliser cette recette avec un bun maison, rendez-vous à la page 74 pour voir la recette !

Pain burger

POUR *2 burgers* **PRÉPARATION** *10 minutes* **CUISSON** *20 minutes* **REPOS** *30 minutes*

219 kcal / pain

LIPIDES	2,5
GLUCIDES	38
PROTÉINES	10

100 g de fromage blanc à 0 % de MG - 100 g de farine blanche
½ sachet de levure chimique - ½ c. à café d'ail en poudre - Sel, poivre
Finition : *quelques graines de sésame - 1 jaune d'œuf*

1. Dans un saladier, versez le fromage blanc, la farine, la levure et les épices. Mélangez et pétrissez la pâte sur un plan de travail fariné. **2.** Laissez reposer la pâte 30 minutes minimum, puis formez deux pâtons sur un plan de travail fariné. Badigeonnez-les de jaune d'œuf et de graines de sésame. **3.** Enfournez 20 minutes à 180 °C.

Wrap

POUR *2 wraps* | **PRÉPARATION** *10 minutes* | **CUISSON** *8 minutes*

184 kcal / wrap

LIPIDES	5
GLUCIDES	27
PROTÉINES	5,5

50 g de fromage blanc 0 % de MG - 70 g de farine blanche - 1 c. à soupe d'huile d'olive - Sel, poivre

1. Dans un récipient, mélangez la farine, le fromage blanc, l'huile d'olive, du sel et du poivre. Pétrissez 5 minutes. **2.** Divisez la pâte en deux parts égales. Placez un pâton entre 2 feuilles de papier cuisson et étalez finement à l'aide d'un rouleau à pâtisserie. **3.** Faites chauffer une poêle à feu vif et déposez la pâte étalée en ôtant le papier cuisson. Faites cuire le wrap environ 2 minutes de chaque côté. Attention de ne pas trop cuire le wrap, sinon il devient cassant. **4.** Répétez l'opération avec le second pâton.

Bagel

POUR *5 bagels* | **PRÉPARATION** *15 minutes* | **CUISSON** *18 minutes* | **REPOS** *1 heure*

163 kcal / pain

LIPIDES	1
GLUCIDES	30
PROTÉINES	7,6

200 g de fromage blanc - 200 g de farine blanche - 1 sachet de levure chimique - ½ c. à café d'ail en poudre - Sel, poivre - **Finition :** *1 jaune d'œuf - quelques graines de pavot*

1. Dans un saladier, mélangez la farine, le fromage blanc, la levure chimique et les épices. Mélangez et pétrissez la pâte. Laissez reposer 1 heure. **2.** Pétrissez la pâte sur un plan de travail fariné. Formez 5 bagels en faisant un gros trou au centre de la pâte et déposez-les sur du papier cuisson. **3.** Badigeonnez de jaune d'œuf et de graines de pavot. Enfournez pendant 18 minutes à 180 °C.

Sushi cake aux crevettes

POUR *1 personne* | **PRÉPARATION** *15 minutes* | **CUISSON** *20 minutes* | **REPOS** *15 minutes*

419 kcal

LIPIDES	15
GLUCIDES	43
PROTÉINES	24

Riz à sushis

40 g de riz rond à sushis
1 c. à soupe de vinaigre de riz
1 c. à café de sucre
1 c. à café de sel

Avocat et concombre

30 g d'avocat
40 g de concombre
10 g d'oignon rouge
1 c. à soupe de jus de citron
Sel, poivre

Crevettes épicées

100 g de crevettes
1 c. à café d'huile d'olive
½ c. à café de mayonnaise
½ c. à café de sauce sriracha
½ c. à café de paprika
½ c. à café d'ail en poudre
Sel, poivre

Topping

Graines de sésame
Coriandre

1. Rincez le riz deux ou trois fois jusqu'à ce que l'eau soit claire.

2. Portez le riz et 2 tasses d'eau à ébullition. Laissez mijoter pendant 10 minutes à couvert. Éteignez le feu et laissez reposer 15 minutes à couvert sur la plaque chaude. Ne soulevez pas le couvercle pendant ces 15 minutes. Puis incorporez délicatement le vinaigre de riz, le sucre, le sel et mélangez.

3. Coupez des cubes d'avocat, de concombre et d'oignon rouge. Mélangez-les avec le jus de citron, du sel et du poivre. Réservez.

4. Coupez les crevettes en dés. Mélangez-les avec les épices et l'huile d'olive, faites-les cuire dans une poêle à feu moyen environ 5 minutes. Mélangez les dés de crevette avec la mayonnaise et la sauce sriracha.

5. Placez le riz dans un petit cercle en inox, tapotez légèrement, recouvrez avec le mélange d'avocat et de concombre, puis avec le mélange de crevettes. Parsemez de graines de sésame et de coriandre ciselée.

CONSEIL PRATIQUE

Si vous n'avez pas de cercle en inox, déposez le riz dans un ramequin et retournez-le dans l'assiette afin de créer la forme ronde. Déposez ensuite sur le dessus le mélange avocat-concombre puis les crevettes.

Risotto poireaux saint-jacques

C'est la première recette que j'ai appris à réaliser lorsque j'étais adolescente. Cette version poireaux saint-jacques me tient donc particulièrement à cœur.

POUR *1 personne*

PRÉPARATION *15 minutes*

CUISSON *20 minutes*

594 kcal

LIPIDES	23
GLUCIDES	58
PROTÉINES	36

100 g de saint-jacques
60 g de riz à risotto
½ cube de bouillon de légumes
45 g d'oignon
10 g d'échalote
1 blanc de poireau
50 g de champignons
30 g de crème semi-épaisse à 4 % de MG
20 g de parmesan
5 g de beurre
1 c. à soupe d'huile d'olive
Poivre

Topping

5 g de parmesan
Poivre

1. Faites chauffer une casserole remplie d'eau avec le bouillon de légumes.

2. Dans une poêle, faites revenir l'oignon et l'échalote hachés avec l'huile d'olive jusqu'à ce qu'ils soient dorés. Ajoutez le riz à risotto et faites-le revenir jusqu'à ce qu'il soit transparent. Ajoutez au riz des louchées de bouillon de légumes. Dès que le riz s'imprègne du bouillon, rajoutez une louchée tout en remuant régulièrement. Le riz doit être cuit au bout de 15 à 20 minutes.

3. Pendant que le risotto cuit, émincez le blanc de poireau et les champignons. Faites-les revenir dans une poêle antiadhésive à feu moyen pendant 5 minutes environ, puis ajoutez-les au risotto. Ajoutez la crème et le parmesan, puis mélangez jusqu'à ce que le risotto soit bien crémeux. Poivrez.

4. Dans la même poêle, faites dorer les saint-jacques 2 à 3 minutes sur chaque face dans le beurre.

5. Quand le riz est cuit, dressez-le dans une assiette creuse et ajoutez les saint-jacques. Parsemez de parmesan râpé et de poivre. Bon appétit !

Salade d'aubergine rôtie à la burrata

POUR
1 personne

PRÉPARATION
15 minutes

CUISSON
25 minutes

449 kcal

LIPIDES	39
GLUCIDES	17
PROTÉINES	20

220 g d'aubergine
50 g de champignons de Paris
65 g de burrata
5 g de pignons de pin
15 g de parmesan
Quelques feuilles de basilic
10 g de graines de grenade
2 c. à café d'huile d'olive
Sel, poivre

1. Préchauffez le four à 200 °C.

2. Coupez l'aubergine en rondelles de 1 cm d'épaisseur et déposez-les sur une plaque recouverte de papier cuisson. Versez 1 cuillerée à café d'huile d'olive dans un petit récipient et badigeonnez les rondelles d'aubergine à l'aide d'un pinceau. Salez, poivrez et enfournez 25 minutes.

3. Faites torréfier les pignons de pin quelques minutes dans une poêle sans matière grasse.

4. Émincez les champignons et faites-les griller dans une poêle antiadhésive, 2 minutes de chaque côté.

5. Une fois la cuisson des aubergines terminée, déposez-les dans une assiette. Sur le dessus, disposez les champignons, la burrata, les pignons de pin, le parmesan, le basilic ciselé et les graines de grenade. Salez, poivrez et ajoutez un filet d'huile d'olive.

CONSEIL GOURMAND

Cette salade se mange chaude, tiède, mais aussi froide !

Salade de l'été

recette express

POUR *1 personne*

PRÉPARATION *10 minutes*

CUISSON *aucune*

486 kcal

LIPIDES	25
GLUCIDES	48
PROTÉINES	22

250 g de melon
250 g de pastèque
30 g de tranches de jambon de Parme
30 g de billes de mozzarella
20 g de copeaux de parmesan
Quelques feuilles de menthe
Quelques feuilles de basilic

Vinaigrette

1 c. à soupe d'huile d'olive
1 c. à café de miel
1 c. à soupe de vinaigre balsamique
1 c. à soupe d'eau

1. Coupez le melon et la pastèque en deux. Réalisez des billes à l'aide d'une cuillère parisienne. Placez-les dans un plat. Ajoutez les morceaux de jambon de Parme et les billes de mozzarella.

2. Hachez finement les feuilles de menthe et de basilic, et ajoutez-les à la salade.

3. Préparez la vinaigrette : mélangez l'huile d'olive, l'eau, le miel et le vinaigre balsamique dans un petit bol. Versez la vinaigrette sur la salade et mélangez bien.

4. Parsemez de copeaux de parmesan avant de servir. Bon appétit !

VARIANTE GOURMANDE

Si vous n'appréciez pas la mozzarella, remplacez-la par de la feta émiettée.

Sauce allégée

76 kcal

LIPIDES	5
GLUCIDES	1
PROTÉINES	7

1 œuf dur - 1 c. à soupe de fromage blanc à 0 % de MG - 1 c. à soupe de jus de citron - Sel, poivre

Mixez tous les ingrédients ensemble.

Sauce yaourt

18 kcal

LIPIDES	0
GLUCIDES	1,2
PROTÉINES	2,5

2 c. à soupe de fromage blanc à 0 % de MG - 1 c. à soupe de jus de citron - Quelques feuilles de coriandre ciselées - ½ c. à café d'ail en poudre - Sel, poivre

Mélangez tous les ingrédients.

Sauce moutarde-miel

198 kcal

LIPIDES	20
GLUCIDES	4,5
PROTÉINES	0,2

1 c. à café de moutarde - 1 c. à café de miel - 2 c. à soupe d'huile de colza - 1 c. à soupe de vinaigre de citron

Mélangez tous les ingrédients.

Vinaigrette

93 kcal

LIPIDES	10
GLUCIDES	0,5
PROTÉINES	0,2

1 c. à café de moutarde - 1 c. à soupe d'huile d'olive ou d'huile de colza - 1 c. à soupe de vinaigre de votre choix - 1 c. à soupe d'eau - Sel, poivre

Mélangez tous les ingrédients.

Sauce piquante

134 kcal

LIPIDES	12
GLUCIDES	5
PROTÉINES	0,5

2 c. à soupe de mayonnaise allégée - 1 c. à café de sauce soja sucrée

Mélangez tous les ingrédients.

Curry rouge de saumon

POUR
1 personne

PRÉPARATION
5 minutes

CUISSON
20 minutes

580 kcal

LIPIDES	27
GLUCIDES	51
PROTÉINES	31

1 pavé de saumon
1 échalote
1 c. à soupe d'huile d'olive
1 c. à soupe de pâte de curry rouge
1 c. à café de sauce nuoc-mâm
150 ml de lait de coco light
60 g de riz jasmin

Topping

1 piment jalapeño
Quelques feuilles de coriandre
1 c. à soupe de lait de coco
Piment doux

1. Dans une poêle à feu moyen, faites dorer l'échalote hachée avec l'huile d'olive pendant environ 4 minutes. Ajoutez la pâte de curry rouge et la sauce nuoc-mâm, et mélangez pour bien enrober l'échalote. Ajoutez le lait de coco et mélangez. Portez à ébullition, réduisez le feu et laissez mijoter 5 minutes.

2. Faites cuire le riz jasmin selon les indications du paquet.

3. Ajoutez le pavé de saumon dans la poêle et laissez cuire environ 5 à 7 minutes à couvert, jusqu'à ce qu'il soit cuit et tendre.

4. Servez le curry de saumon sur le riz jasmin, ajoutez quelques lamelles de piment jalapeño, de la coriandre ciselée, un filet de lait de coco, un peu de piment doux et savourez !

CONSEILS PRATIQUES

Pour trouver de la pâte de curry rouge, rendez-vous dans les grandes surfaces, au rayon des produits asiatiques, ou dans les magasins asiatiques. Vous pouvez ajouter un légume (courge, carotte, épinards…) à cette recette pour apporter des fibres.

Poke bowl au poulet teriyaki

POUR *1 personne*
PRÉPARATION *15 minutes*
CUISSON *20 minutes*

600 kcal

LIPIDES	21
GLUCIDES	69
PROTÉINES	33

50 g de riz
100 g de filet de poulet
2 c. à soupe de sauce teriyaki
35 g d'avocat
10 g de chou rouge
15 g de radis
30 g d'édamames
10 g de graines de grenade

Sauce

1 c. à soupe de sauce soja sucrée
1 c. à soupe de mayonnaise light
1 c. à café de sauce sriracha

Topping

5 g de cacahuètes
5 g d'oignon frit
5 g de graines de sésame
Quelques feuilles de coriandre

1. Faites cuire le riz selon les indications du paquet.

2. Coupez le poulet en morceaux. Faites-les cuire avec la sauce teriyaki dans une poêle à feu moyen environ 10 minutes. Réservez.

3. Épluchez et coupez l'avocat en lamelles. Émincez finement le chou rouge et les radis. Hachez finement la coriandre.

4. Dans un petit ramequin, mélangez la mayonnaise avec la sauce sriracha et la sauce soja.

5. Dans un bol, répartissez le riz cuit, les édamames, le poulet, le chou rouge, les radis, l'avocat, la coriandre, les cacahuètes, l'oignon frit, le sésame et la grenade. Servez chaud ou froid selon votre préférence. Ajoutez la sauce et mélangez.

VARIANTE HEALTHY

J'ai un énorme coup de cœur pour cette recette, je pourrais en manger tous les jours ! Pour ne pas m'en lasser, je la réalise aussi avec du saumon mariné à la sauce soja sucrée.

Curry de patate douce

POUR
1 personne

PRÉPARATION
20 minutes

CUISSON
20 minutes

600 kcal

LIPIDES	14
GLUCIDES	95
PROTÉINES	16

150 g de patate douce
30 g d'oignon
1 c. à café d'huile d'olive
60 g de pois chiches
2 poignées d'épinards frais
200 g de concassé de tomates
100 ml de lait de coco light
60 g de riz
1 c. à soupe de curry
Sel, poivre

Topping

1 c. à soupe de lait de coco
Quelques feuilles de coriandre

1. Épluchez et coupez la patate douce en dés. Émincez l'oignon.

2. Dans une poêle, faites chauffer un peu d'huile d'olive à feu moyen. Ajoutez l'oignon et faites-le revenir, environ 4 minutes. Ajoutez les dés de patate douce et faites-les cuire pendant 8 minutes supplémentaires à couvert. Ajoutez les pois chiches, les épinards, le curry, le sel et le poivre. Mélangez bien. Ajoutez le concassé de tomates et le lait de coco. Mélangez et laissez mijoter pendant 15 minutes supplémentaires à couvert.

3. Faites cuire le riz selon les indications du paquet.

4. Servez le curry de patate douce sur le riz. Vous pouvez également ajouter des condiments supplémentaires selon votre goût, tels que du lait de coco ou de la coriandre fraîche.

CONSEIL GOURMAND

Je trouve que ce curry de patate douce est parfait servi avec du riz basmati !

Gnocchis au potimarron

POUR *3 personnes* **PRÉPARATION** *25 minutes* **CUISSON** *30 minutes*

531 kcal / pers.

LIPIDES	13
GLUCIDES	82
PROTÉINES	20

Gnocchis

250 g de potimarron

230 g de farine + 30 g pour le façonnage

1 jaune d'œuf

1 pincée de muscade

Sel, poivre

Sauce

180 g de champignons de Paris

10 g de beurre

50 g de parmesan

250 ml de crème épaisse à 4 % de MG

Sel, poivre

Topping

10 g de parmesan

Ciboulette ciselée

1. Coupez le potimarron en morceaux. Faites-les cuire 15 à 20 minutes dans une casserole d'eau salée jusqu'à ce qu'ils soient tendres. Égouttez et mixez pour obtenir une purée lisse. Laissez refroidir.

2. Mélangez la purée de potimarron, le jaune d'œuf, du sel, du poivre, la muscade et la farine. Pétrissez la pâte sur un plan de travail fariné. Vous devez obtenir une boule qui ne colle presque plus au toucher. Divisez la pâte en plusieurs parties et formez des bâtonnets de 1,5 cm de long. Roulez-les entre vos mains, puis appuyez légèrement dessus avec les dents d'une fourchette.

3. Faites bouillir de l'eau salée dans une grande casserole et plongez-y les gnocchis. Laissez-les cuire jusqu'à ce qu'ils remontent à la surface. Comptez environ 3 minutes. Égouttez-les et réservez.

4. Réalisez la sauce : émincez les champignons et faites-les revenir dans une poêle avec le beurre. Ajoutez la crème épaisse et le parmesan râpé, et faites cuire 5 minutes jusqu'à ce que la sauce ait épaissi. Ajoutez les gnocchis. Mélangez. Salez et poivrez.

5. Dégustez les gnocchis chauds avec un peu de parmesan râpé et de ciboulette ciselée.

CONSEIL HEALTHY

Vous pouvez aussi les réaliser avec de la courge et accompagner les gnocchis d'une source de protéines.

Poireaux béchamel de mon enfance

POUR
2 personnes

PRÉPARATION
20 minutes

CUISSON
40 minutes

480 kcal/pers.

LIPIDES	24
GLUCIDES	38
PROTÉINES	28

4 blancs de poireau
1 c. à soupe d'huile d'olive
4 tranches de jambon
30 g de mozzarella

Béchamel

25 g de beurre
25 g de farine
400 ml de lait demi-écrémé
1 pincée de muscade
Sel, poivre

1. Préchauffez le four à 200 °C.

2. Épluchez les poireaux, rincez-les soigneusement, puis faites-les cuire à la vapeur environ 20 minutes, jusqu'à ce qu'ils soient tendres.

3. Préparez la béchamel : dans une casserole, faites fondre le beurre à feu moyen. Ajoutez la farine et mélangez jusqu'à ce qu'elle soit bien incorporée. Ajoutez le lait petit à petit tout en mélangeant jusqu'à obtenir une pâte lisse et épaisse. Ajoutez la muscade, le sel et le poivre, et mélangez bien.

4. Dans un plat à gratin, étalez une couche de béchamel sur le fond. Enroulez chaque tranche de jambon autour d'un poireau et disposez-les dans le plat à gratin. Versez le reste de la béchamel et étalez-la uniformément à l'aide d'une spatule. Parsemez de mozzarella et enfournez pendant 20 minutes, jusqu'à ce que le dessus soit doré et croustillant.

5. Servez chaud.

ASTUCE HEALTHY

Si vous voulez rendre la recette encore plus légère, je vous invite à jeter un œil à la page 84 pour la recette de ma sauce allégée.

Soupe automnale au potimarron

POUR *3 personnes*
PRÉPARATION *20 minutes*
CUISSON *30 minutes*

182 kcal / pers.

LIPIDES	9
GLUCIDES	25
PROTÉINES	3,5

1 potimarron
1 oignon
1 tête d'ail
200 ml de lait de coco light
1 c. à soupe d'huile d'olive
Sel, poivre

Topping

100 g de champignons de Paris
15 ml de lait de coco
Quelques feuilles de coriandre

1. Préchauffez le four à 180 °C.

2. Coupez le potimarron en deux. Épluchez et émincez l'oignon.

3. Dans un plat allant au four, disposez le potimarron, l'oignon et la tête d'ail. Salez, poivrez et arrosez le tout d'huile d'olive, en insistant bien sur l'ail. Enfournez environ 25 minutes, jusqu'à ce que le potimarron soit tendre.

4. Nettoyez et coupez les champignons en fines lamelles. Faites-les griller dans une poêle chaude antiadhésive 2 minutes de chaque côté. Réservez-les.

5. Dans un mixeur, mixez le potimarron, l'oignon et les gousses d'ail avec le lait de coco jusqu'à l'obtention d'une soupe lisse et crémeuse. Salez et poivrez à votre goût.

6. Versez la soupe de potimarron dans des bols, parsemez de champignons grillés et de feuilles de coriandre ciselées. Ajoutez un filet de lait de coco et servez bien chaud.

CONSEILS HEALTHY

À la différence des autres recettes, celle-ci est pour 3 personnes, car je trouve ça plus pratique de faire une grande quantité de soupe pour la manger sur plusieurs jours. Je vous conseille de la consommer avec une source de protéines, par exemple vous pouvez ajouter un œuf poché.

Pâte brisée

POUR *1 pâte brisée* — **PRÉPARATION** *15 minutes* — **CUISSON** *variable* — **REPOS** *1 heure*

1 048 kcal

LIPIDES	22
GLUCIDES	172
PROTÉINES	34

220 g de farine - 145 g de fromage blanc 0 % de MG - 2 c. à soupe d'huile d'olive - Thym - Sel, poivre

1. Dans un saladier, versez tous les ingrédients et mélangez. Formez un pâton, filmez-le et laissez reposer au frais 1 heure. **2.** Saupoudrez de farine – recto et verso – au moment de l'étaler. Cette pâte est assez élastique, donc n'hésitez pas à bien l'étirer. **3.** Enfournez à 180 °C avec la garniture de votre choix.

Pâte feuilletée

POUR *1 pâte feuilletée* — **PRÉPARATION** *15 minutes* — **CUISSON** *variable*

368 kcal

LIPIDES	20
GLUCIDES	40
PROTÉINES	4

4 feuilles de brick - 2 c. à soupe d'huile d'olive

1. Superposez les feuilles de brick dans un plat allant au four. Étalez de l'huile d'olive à l'aide d'un pinceau entre chaque feuille de brick. **2.** Enfournez à 180 °C avec la garniture de votre choix.

Pâte à pizza

POUR *1 pâte à pizza* PRÉPARATION *15 minutes* CUISSON *variable*

926 kcal

LIPIDES	6,5
GLUCIDES	172
PROTÉINES	38

220 g de farine - 130 g de fromage blanc à 0 % de MG - 1 œuf - Sel

1. Dans un saladier, versez tous les ingrédients et mélangez. Formez un pâton. **2.** Saupoudrez de farine au moment de l'étaler. Cette pâte est assez élastique, donc n'hésitez pas à bien l'étirer. **3.** Enfournez à 180 °C avec la garniture de votre choix.

Pâte sablée

POUR *1 pâte sablée* PRÉPARATION *15 minutes* CUISSON *variable*

1 263 kcal

LIPIDES	11
GLUCIDES	239
PROTÉINES	42

1 œuf - 30 g de compote de pommes - 135 g de farine - 1 c. à soupe d'arôme de vanille (optionnel)

1. Dans un saladier, versez tous les ingrédients et mélangez. **2.** Saupoudrez de farine au moment de l'étaler. **3.** Enfournez à 180 °C avec la garniture de votre choix.

Pizza chou-fleur crème oignons lardons

POUR *2 personnes*
PRÉPARATION *15 minutes*
CUISSON *30 minutes*

376 kcal/pers.

LIPIDES	24
GLUCIDES	30
PROTÉINES	26

1 chou-fleur
1 oignon
60 g de lardons
1 c. à soupe d'huile d'olive
80 g de crème fraîche épaisse à 4 % de MG
50 g d'emmental
50 g de mozzarella
Sel, poivre

1. Préchauffez le four à 180 °C.

2. Coupez le chou-fleur en tranches d'environ 3 cm d'épaisseur. Déposez ces tranches épaisses sur une plaque recouverte de papier cuisson. Ajoutez une pincée de sel sur chaque tranche. Enfournez 20 minutes.

3. Émincez l'oignon et faites-le revenir dans une poêle avec l'huile d'olive pendant 5 minutes environ. Ajoutez les lardons et faites-les cuire jusqu'à ce qu'ils soient croustillants.

4. Étalez la crème fraîche sur le dessus des tranches de chou-fleur précuites, ajoutez l'oignon et les lardons. Parsemez de mozzarella et d'emmental.

5. Enfournez 10 minutes, jusqu'à ce que les tranches soient dorées et croustillantes. Le fromage doit être fondu. Poivrez légèrement et servez.

Frites de patate douce, poulet épicé & cheddar

POUR *1 personne*
PRÉPARATION *15 minutes*
CUISSON *30 minutes*

426 kcal

LIPIDES	12
GLUCIDES	43
PROTÉINES	33

150 g de patate douce
100 g de carottes
100 g de blanc de poulet
1 c. à café d'huile d'olive
1 c. à café d'ail en poudre, de paprika et de piment doux
35 g de cheddar
Quelques feuilles de coriandre
Sel, poivre

Sauce

30 g de fromage blanc à 0 % de MG
1 c. à soupe de jus de citron
Quelques feuilles de coriandre
Sel, poivre

1. Préchauffez le four à 180 °C.

2. Épluchez et coupez la patate douce et la carotte en forme de frites. Dans un saladier, mélangez les frites, l'huile d'olive et la moitié des épices.

3. Dans une assiette, parsemez les épices restantes sur le filet de poulet et, comme pour les frites, faites en sorte de bien imprégner le poulet des épices en malaxant un peu.

4. Sur une plaque recouverte de papier cuisson, disposez les frites d'un côté et, de l'autre, le filet de poulet. Enfournez 15 minutes, retirez les frites et prolongez la cuisson du poulet 10 minutes. Une fois la cuisson terminée, effilochez le poulet à l'aide d'une fourchette.

5. Dans un plat un peu profond, dressez en premier les frites, ajoutez sur le dessus le poulet effiloché et le cheddar râpé. Faites griller 5 minutes au four en mode gril.

6. Préparez la sauce en mélangeant le fromage blanc, le jus de citron, la coriandre ciselée, du sel et du poivre.

7. Une fois le fromage fondu et gratiné, ajoutez la sauce sur le dessus et quelques feuilles de coriandre ciselées.

VARIANTE GOURMANDE

Si vous n'êtes pas adepte des frites de patate douce, vous pouvez réaliser la recette avec des pommes de terre, c'est tout aussi bon !

succès Instagram

Tartelettes poireaux & burrata

POUR *4 personnes*

PRÉPARATION *10 minutes*

CUISSON *40 minutes*

370 kcal / pers.

LIPIDES	25
GLUCIDES	26
PROTÉINES	9

1 pâte brisée
3 blancs de poireau
60 g de burrata
30 g de crème fraîche épaisse à 4 % de MG
4 c. à soupe de St-Morêt léger
10 g de pignons de pin
1 c. à soupe d'huile d'olive
Sel, poivre

1. Préchauffez le four à 200 °C.

2. Émincez les poireaux et faites-les revenir 15 minutes à la poêle avec l'huile d'olive. Ajoutez la crème fraîche.

3. Découpez la pâte brisée en 4 morceaux. Placez les morceaux sur une plaque recouverte de papier cuisson. Déposez 1 cuillerée de St-Morêt au centre de chaque part et étalez. Ajoutez la fondue de poireau, des pignons et repliez les bords de la pâte pour former les tartelettes. Enfournez 25 minutes.

4. Une fois la cuisson terminée, ajoutez de la burrata sur le dessus, une pincée de sel et de poivre, et bon appétit !

CONSEIL GOURMAND

J'accompagne les tartelettes d'une bonne salade.

Pizza nuage burrata & jambon de Parme

POUR
1 personne

PRÉPARATION
15 minutes

CUISSON
10 minutes

468 kcal

LIPIDES	27
GLUCIDES	22
PROTÉINES	32

Pâte

3 blancs d'œufs
15 g de fécule de maïs
Thym
Sel

Garniture

50 g de coulis de tomates
2 poignées de roquette
30 g de jambon de Parme
60 g de burrata
5 g de pignons de pin
10 g de copeaux de parmesan
1 c. à soupe de vinaigre balsamique
1 c. à café d'huile d'olive
½ c. à café de thym
½ c. à café d'ail en poudre
Sel, poivre

1. Préchauffez le four à 180 °C.

2. Séparez les blancs des jaunes. À l'aide d'un batteur, battez les blancs d'œufs, jusqu'à ce que des pics « mous » se forment. Ajoutez la fécule, le thym et le sel. Mélangez jusqu'à ce que les pics deviennent fermes et que le mélange soit brillant.

3. Étalez la préparation aux blancs d'œufs sur une plaque recouverte de papier cuisson en utilisant une spatule pour lui donner la forme d'une pizza. Enfournez pendant 10 minutes, jusqu'à ce qu'elle soit dorée.

4. Dans un bol, mélangez le coulis de tomates avec l'huile d'olive, du sel, du poivre, du thym et de l'ail en poudre. Une fois la cuisson terminée, étalez la sauce tomate sur la pâte. Ajoutez la roquette, le jambon de Parme, la burrata et les pignons. Parsemez de copeaux de parmesan. Terminez avec un filet de vinaigre balsamique.

5. Coupez la pizza en tranches et dégustez !

CONSEIL HEALTHY

La pizza nuage est une variante de la pizza classique. Elle est à base de blancs d'œufs et de fécule de maïs, c'est ce qui donne le côté léger et aérien à la pâte. Cette dernière est peu calorique. Vous pouvez donc vous faire plaisir avec la garniture !

Crème de feta

POUR *5 personnes* **PRÉPARATION** *5 minutes* **CUISSON** *aucune*

748 kcal

LIPIDES	64
GLUCIDES	9
PROTÉINES	32

200 g de feta - 20 g de yaourt grec à 0 % de MG - 1 c. à soupe de parmesan râpé - 2 c. à soupe de jus de citron - 2 c. à soupe d'huile d'olive - Poivre - **Topping :** *10 g de feta émiettée - 1 c. à café de parmesan râpé - Poivre - Quelques feuilles de coriandre - 1 c. à café d'huile d'olive*

1. Mixez tous les ingrédients ensemble jusqu'à l'obtention d'un mélange lisse et crémeux. **2.** Dressez dans une assiette creuse et ajoutez sur le dessus de la feta émiettée, du parmesan râpé, du poivre, quelques feuilles de coriandre et un filet d'huile d'olive.

Crème de poivron

POUR *5 personnes* **PRÉPARATION** *15 minutes* **CUISSON** *25 minutes* **REPOS** *25 minutes*

436 kcal

LIPIDES	29
GLUCIDES	22
PROTÉINES	22

2 poivrons - 3 gousses d'ail - 50 g de feta - 1 grosse c. à soupe de parmesan râpé - 1 c. à soupe de yaourt grec - 1 c. à soupe de jus de citron - 1 c. à soupe d'huile d'olive - Quelques feuilles de coriandre - **Topping :** *Feta émiettée - Quelques feuilles de coriandre*

1. Préchauffez le four à 200 °C. **2.** Lavez et coupez les poivrons grossièrement. Déposez-les sur une plaque de cuisson et enfournez 25 minutes. Laissez 25 minutes de plus dans le four éteint. Enlevez la peau des poivrons. **3.** Mixez tous les ingrédients ensemble jusqu'à l'obtention d'un mélange lisse et crémeux. **4.** Dressez dans une assiette creuse, ajoutez sur le dessus de la feta émiettée et quelques feuilles de coriandre.

Philadelphia & thon

POUR *5 personnes* — PRÉPARATION *5 minutes* — CUISSON *aucune*

464 kcal

LIPIDES	23
GLUCIDES	11
PROTÉINES	39

140 g de thon en boîte (poids égoutté) - 200 g de fromage Philadelphia light - Ciboulette ciselée - 2 c. à soupe de jus de citron - Sel, poivre

1. Mélangez tous les ingrédients. Veillez à bien écraser le thon pour un mélange homogène.

Houmous

POUR *5 personnes* — PRÉPARATION *5 minutes* — CUISSON *aucune*

659 kcal

LIPIDES	59
GLUCIDES	57
PROTÉINES	26

400 g de pois chiches cuits - 2 c. à soupe d'huile d'olive - 2 c. à soupe de jus de citron - ½ c. à café de cumin - Sel, poivre - **Topping :** *1 c. à soupe d'huile d'olive - Piment - Paprika - Quelques feuilles de persil*

1. Mixez tous les ingrédients ensemble jusqu'à l'obtention d'un mélange lisse et crémeux. **2.** Dressez dans un bol avec un filet d'huile d'olive, un peu de piment ou de paprika et parsemez de persil.

Crêpes salées façon tartiflette

POUR *1 personne* | **PRÉPARATION** *15 minutes* | **CUISSON** *25 minutes*

567 kcal

LIPIDES	26
GLUCIDES	53
PROTÉINES	29

Pour 2 crêpes

1 œuf (petit)
30 g de farine
100 ml de lait demi-écrémé
Sel, poivre

Garniture

120 g de pommes de terre
30 g de lardons
50 g d'oignon
50 g de reblochon
2 c. à soupe de crème épaisse à 4 % de MG

Topping

Ciboulette (facultatif)

1. Épluchez et coupez les pommes de terre en lamelles. Faites-les cuire dans de l'eau frémissante salée jusqu'à ce qu'elles soient tendres. Comptez environ 15 minutes. Égouttez-les et réservez.

2. Faites cuire les lardons sans matière grasse à feu moyen, pendant environ 5 minutes, jusqu'à ce qu'ils soient croustillants. Réservez-les sur du papier absorbant.

3. Émincez l'oignon et faites-le revenir 5 minutes dans la même poêle à feu moyen, jusqu'à ce qu'il soit doré.

4. Battez l'œuf dans un saladier. Ajoutez la farine et mélangez jusqu'à l'obtention d'une pâte homogène. Ajoutez le lait petit à petit, en fouettant pour éviter les grumeaux. Salez et poivrez.

5. Faites chauffer une poêle antiadhésive à feu moyen. Déposez une louche de pâte. Faites cuire la crêpe 40 secondes et retournez-la. Déposez, sur le dessus, la crème épaisse, les pommes de terre, les oignons, les lardons et le reblochon. Refermez la crêpe en deux et laissez cuire 3 minutes à feu doux jusqu'à ce que le fromage soit bien fondu.

6. Répétez l'opération pour la deuxième crêpe. Servez parsemé de ciboulette.

CONSEIL GOURMAND

Recette très réconfortante que j'adore réaliser lorsque le froid commence à arriver. N'hésitez pas à la refaire en variant les garnitures.

succès Instagram

Tatins burrata & tomates cerises

Les fameuses tartelettes Tatin, c'est la recette phare de mes réseaux sociaux. Vous savez à quel point j'en raffole !

POUR *4 personnes*

PRÉPARATION *15 minutes*

CUISSON *45 minutes*

433 kcal / pers.

LIPIDES	27
GLUCIDES	32
PROTÉINES	12

1 pâte brisée
4 c. à soupe de miel
4 c. à café de vinaigre balsamique
2 oignons jaunes
20 g de pignons de pin
150 g de tomates cerises
20 g de feta
1 burrata
20 g de parmesan
Huile d'olive
Quelques feuilles de basilic
Sel, poivre

1. Émincez les oignons et faites-les confire dans une poêle avec 1 cuillerée à soupe d'huile d'olive environ 15 minutes à feu moyen.

2. Préchauffez le four à 180 °C. Sur du papier cuisson, formez 4 cercles de miel et ajoutez par-dessus le vinaigre balsamique, les oignons confits, les pignons, les tomates cerises coupées en deux, et pour finir de la feta émiettée.

3. Coupez votre pâte brisée en quatre et disposez chaque partie sur les tomates. Piquez la pâte à l'aide d'une fourchette puis enfournez pendant 30 minutes.

4. Retournez vos mini-tatins à l'aide d'une spatule. Ajoutez sur le dessus de la burrata, des copeaux de parmesan, du sel, du poivre, un filet d'huile d'olive et quelques feuilles de basilic.

5. Accompagnez d'une salade et régalez-vous !

ASTUCE PRATIQUE

Au moment de retourner les tatins, utilisez une longue spatule, pour éviter que la garniture ne se renverse.

succès Instagram

Burger gaufres de patate douce

POUR *2 personnes* **PRÉPARATION** *15 minutes* **CUISSON** *27 minutes*

521 kcal / pers.

LIPIDES	15
GLUCIDES	65
PROTÉINES	28

Gaufres

300 g de patate douce
90 g de farine blanche
1 œuf entier
Thym
1 c. à café d'huile neutre
Sel, poivre

Garniture

2 œufs
2 Carré Frais
60 g d'avocat
50 g de saumon fumé
1 c. à soupe de jus de citron
Quelques feuilles d'épinard
Sel, poivre

1. Épluchez et coupez la patate douce en dés. Faites-les cuire dans de l'eau bouillante environ 20 minutes. À l'aide d'un couteau, piquez le centre des dés afin de vérifier la cuisson. S'il entre facilement dans la chair, c'est que la cuisson est terminée. Égouttez les patates douces et laissez refroidir.

2. À l'aide d'une fourchette, écrasez les dés de patate douce en purée, ajoutez l'œuf, la farine, le sel, le poivre et le thym. Mélangez bien jusqu'à l'obtention d'une pâte épaisse.

3. Huilez légèrement le gaufrier puis déposez-y la pâte sans l'étaler. Laissez cuire environ 6-7 minutes, les gaufres doivent être croustillantes à l'extérieur et fondantes à l'intérieur.

4. Pendant la cuisson, préparez vos œufs (au plat ou pochés).

5. Dressez le burger en ajoutant un Carré Frais, de l'avocat, du jus de citron (sur l'avocat), des feuilles d'épinard, du sel, du poivre, le saumon, puis l'œuf. Refermez avec la seconde gaufre de patate douce pour former le burger. Procédez de même pour le second burger.

CONSEIL PRATIQUE

N'hésitez pas à doubler les quantités pour réaliser plus de burgers si vous recevez du monde !

Lasagnes d'aubergine & crème de parmesan

POUR *4 personnes* **PRÉPARATION** *25 minutes* **CUISSON** *1 heure*

521 kcal / pers.

LIPIDES	18
GLUCIDES	54
PROTÉINES	40

200 g de lasagnes
1 grosse aubergine (environ 420 g)
280 g de champignons de Paris
280 g de viande hachée 5 % de MG
400 g de coulis de tomates
1 c. à soupe d'huile d'olive
½ oignon
1 gousse d'ail
Thym
Sel, poivre

Crème de parmesan

350 ml de lait
20 g de fécule de maïs
120 g de parmesan
Sel, poivre
Noix de muscade

1. Préchauffez le four à 180 °C.

2. Coupez l'aubergine en fines lamelles. Faites-les précuire à la vapeur environ 5 minutes.

3. Émincez le ½ oignon et hachez l'ail. Dans une grande poêle, faites revenir l'oignon émincé et l'ail dans l'huile d'olive pendant 3 minutes à feu vif. Ajoutez la viande hachée et faites-la dorer à feu moyen pendant 3 minutes, en mélangeant régulièrement. Ajoutez les champignons émincés, le coulis de tomates, le thym, salez, poivrez et laissez mijoter 10 minutes à feu moyen.

4. Dans une casserole, faites chauffer le lait puis délayez avec la fécule. Mélangez à feu moyen jusqu'à ce que le mélange épaississe. Ajoutez une pincée de sel, de poivre et de noix de muscade. Ajoutez le parmesan râpé et mélangez.

5. Dans un plat à gratin, nappez le fond de crème de parmesan puis couvrez d'une couche de lasagnes. Superposez ensuite les épaisseurs de viande hachée, d'aubergine, de crème de parmesan et de lasagnes autant de fois que nécessaire. Terminez par une couche de crème de parmesan. Enfournez 40 minutes.

VARIANTE HEALTHY

Pour un repas moins calorique, mais tout aussi bon, vous pouvez enlever les pâtes à lasagnes et les remplacer par davantage de tranches d'aubergine. Le résultat sera encore plus fondant en bouche.

succès Instagram

Tarte crème de burrata à la tomate

POUR *6 personnes*

PRÉPARATION *15 minutes*

CUISSON *12 minutes*

291 kcal/pers.

LIPIDES	20
GLUCIDES	19
PROTÉINES	8

1 pâte feuilletée rectangulaire (230 g)
450 g de tomates multicolores
1 jaune d'œuf
20 g de parmesan
10 g de graines de sésame
Quelques feuilles de basilic
Sel, poivre

Crème de burrata

1 burrata
1 c. à soupe de yaourt grec
1 c. à soupe d'huile d'olive
15 g de noix de cajou
Sel, poivre

1. Préchauffez le four à 180 °C.

2. Coupez les tomates en rondelles et faites-les dégorger quelques minutes à l'aide d'un torchon ou d'un essuie-tout.

3. Repliez le bord de la pâte feuilletée et badigeonnez-la de jaune d'œuf. Piquez le fond avec une fourchette. Parsemez des graines de sésame sur le bord. Enfournez 12 minutes.

4. Dans un mixeur, mixez la burrata, le yaourt grec, l'huile d'olive, les noix de cajou, le sel et le poivre jusqu'à l'obtention d'une crème assez lisse.

5. Une fois la cuisson de la pâte terminée, aplatissez le centre de la tarte à l'aide d'une fourchette. Ajoutez la crème de burrata, les tomates, salez et poivrez.

6. Terminez avec des copeaux de parmesan et quelques feuilles de basilic.

CONSEILS GOURMANDS

Il est préférable de manger la tarte le jour même, sinon les tomates vont rendre trop d'eau et ramollir la pâte. Je vous conseille de manger une part de tarte accompagnée d'une source de protéines et de crudités.

Mes petites collations

Voici plus de 10 collations salées et sucrées qui m'ont beaucoup aidée à ne pas craquer. Vous pouvez aussi les préparer pour le petit déjeuner comme les mini-pancakes banane ou encore les egg muffins. Faites vraiment comme vous le souhaitez et suivez vos envies !

Gâteau aux pommes allégé

POUR
8 personnes

PRÉPARATION
15 minutes

CUISSON
45 minutes

152 kcal / pers.

LIPIDES	7
GLUCIDES	17
PROTÉINES	6

3 pommes
200 g de fromage Philadelphia
150 g de fromage blanc 0 % de MG
2 œufs entiers
1 sachet de levure chimique
3 c. à soupe de sucrant (stévia)
100 g de farine
1 c. à café d'arôme de vanille

1. Préchauffez le four à 180 °C.

2. Épluchez et coupez les pommes en lamelles.

3. Mélangez tous les ingrédients restants, ajoutez les lamelles de pomme et mélangez délicatement. Pour un rendu plus joli, déposez quelques lamelles de pomme sur le dessus.

4. Versez dans un plat allant au four et enfournez 45 minutes. Laissez refroidir.

CONSEIL GOURMAND

Ce gâteau se conserve au réfrigérateur. Vous verrez, il est meilleur le lendemain !

Gâteau banane chocolat

J'ai un véritable penchant pour ce gâteau, j'ai placé cette recette dans la catégorie « collation », mais la recette fonctionne très bien aussi au petit déjeuner au vu de son apport énergétique.

POUR *2 personnes*

PRÉPARATION *5 minutes*

CUISSON *20 minutes*

194 kcal / pers.

LIPIDES	10,5
GLUCIDES	19,5
PROTÉINES	6

1 œuf
1 banane
25 g de poudre d'amandes
1 c. à café d'arôme de vanille
1 c. à café de levure chimique
1 c. à soupe de sucrant (Stévia)
10 g de pépites de chocolat

1. Préchauffez le four à 180 °C.

2. Écrasez la banane en purée.

3. Dans un petit récipient allant au four, ajoutez la purée de banane ainsi que tous les autres ingrédients, en réservant quelques pépites. Mélangez. Veillez à ce que le résultat soit lisse.

4. Ajoutez les pépites de chocolat réservées sur le dessus et enfournez 20 minutes.

5. Régalez-vous !

Mes coupe-faim favoris

COLLATIONS PRÉSENTÉES DANS LE LIVRE

Quand je ressens la faim, je fais attention à écouter mon corps et à manger quelque chose de raisonnable en accord avec mes objectifs. J'opte généralement pour une des collations présentées dans le livre (pages 122-143).

Je vous conseille de préparer certaines des collations, comme les gâteaux, le week-end, ainsi tout est prêt pour la semaine.

FRUITS ET OLÉAGINEUX

Vous pouvez aussi vous tourner vers :

- les fruits : pommes, bananes, pêches ;
- les fruits à coque : noix et amandes. Il ne faut pas non plus en abuser.

Vous pouvez consommer 1 fruit moyen ou 2 petits (kiwi, clémentine).

Pour les oléagineux, je vous conseille :

1 portion = 1 creux de la main = environ 15 g

Attention à ne pas en abuser, ils sont sains mais restent très caloriques.

PRODUITS LAITIERS ET COMPOTES

Ce sont également des options que je choisis régulièrement lorsque j'ai un petit creux. J'aime particulièrement le fromage blanc, la compote de pommes, le skyr vanille que j'agrémente souvent de fruits frais ou de muesli. Lorsque les beaux jours arrivent, je bois également plus de smoothie, que je prépare le matin à l'avance et laisse au frigo. J'en consomme généralement 1 grand verre tout au long de la journée. Des recettes de smoothies sont disponibles dans la section « collations » (pages 132-133).

succès Instagram

Mini-pancakes banane

POUR *2 personnes* — **PRÉPARATION** *5 minutes* — **CUISSON** *6 minutes*

179 kcal/pers.

LIPIDES	3,5
GLUCIDES	31,5
PROTÉINES	6

1 banane
30 g de farine
1 œuf
20 ml de lait
½ c. à café d'arôme de vanille
1 c. à café de levure chimique

Topping

Pépites de chocolat
Sirop d'agave
Beurre de cacahuète

1. Dans un saladier, mélangez tous les ingrédients, sauf la banane, jusqu'à l'obtention d'une pâte épaisse et homogène.

2. Coupez la banane en rondelles, les enrober de pâte à l'aide d'une fourchette.

3. Faites dorer les rondelles de banane sur une poêle chaude antiadhésive environ 3 minutes de chaque côté.

4. Dressez dans un bol ou une assiette et ajoutez quelques toppings si vous le souhaitez, comme des pépites de chocolat, du sirop d'agave ou bien du beurre de cacahuète !

ASTUCES GOURMANDES

En été, vous pouvez faire cette recette avec des fraises, c'est délicieux ! Même remarque que pour le gâteau banane chocolat, cette recette est également parfaite pour le petit déjeuner si vous le souhaitez.

recette express

Egg muffin salé

J'adore cette recette ! Durant ma perte de poids, je la réalisais pratiquement tous les jours.

POUR *1 personne*

PRÉPARATION *5 minutes*

CUISSON *5 minutes*

366 kcal

LIPIDES	16
GLUCIDES	31
PROTÉINES	20

1 muffin complet
1 œuf
30 g d'avocat
1 Vache-qui-rit légère
½ tranche de jambon
1 tranche de cheddar
1 c. à soupe de jus de citron
Sel, poivre

1. Écrasez la chair de l'avocat dans un bol et ajoutez le jus de citron, du sel et du poivre. Mélangez bien.

2. Coupez le muffin en deux et faites dorer chaque moitié dans le grille-pain

3. Étalez la Vache-qui-rit sur une moitié du muffin, puis l'avocat écrasé sur chaque moitié de muffin grillé. Disposez le jambon et une tranche de cheddar.

4. Faites cuire l'œuf au plat dans une poêle à feu doux, pendant environ 5 minutes.

5. Disposez l'œuf au plat sur le cheddar et refermez le muffin.

ASTUCE GOURMANDE

Si vous souhaitez réduire les calories, vous pouvez enlever la tranche de cheddar.

Smoothies

Si vous ne souhaitez pas utiliser du lait vous pouvez le remplacer par un yaourt ou du fromage blanc, c'est tout aussi bon !

POUR *1 personne* — **TEMPS DE CUISSON** *aucun* — **TEMPS DE PRÉPARATION** *3 minutes*

Banane fraise myrtille

212 kcal

LIPIDES	2
GLUCIDES	46
PROTÉINES	6

100 ml de lait demi-écrémé - 1 banane - 100 g de fraises - 50 g de myrtilles

Mixez tous les ingrédients ensemble, servez dans un grand verre et régalez-vous !

Pêche banane fraise

54 kcal

LIPIDES	2
GLUCIDES	31
PROTÉINES	5

100 ml de lait demi-écrémé - 1 pêche - ½ banane - 50 g de fraises

Mixez tous les ingrédients ensemble, servez dans un grand verre et régalez-vous !

Ananas mangue

129 kcal

LIPIDES	2
GLUCIDES	25
PROTÉINES	4

100 ml de lait demi-écrémé - 100 g d'ananas - 50 g de mangue

Mixez tous les ingrédients ensemble, servez dans un grand verre et régalez-vous !

Banana bread

J'ai un véritable penchant pour cette recette ! Je la déguste en collation, mais vous pouvez très bien en manger une part pour le petit déjeuner.

POUR *9 personnes*
PRÉPARATION *15 minutes*
CUISSON *45 minutes*

263 kcal / pers.

LIPIDES	14
GLUCIDES	26
PROTÉINES	6

4 bananes
150 g de farine
2 œufs
100 ml de lait demi-écrémé
1 sachet de levure chimique
1 pincée de cannelle
60 g de chocolat noir
50 g de noix
50 g de graines de sésame noir
30 g d'huile de coco

1. Préchauffez le four à 180 °C.

2. Épluchez et écrasez 3 bananes à l'aide d'une fourchette.

3. Dans un saladier, mélangez la purée de bananes avec la farine et la levure chimique. Ajoutez les œufs, le lait et la cannelle, et mélangez jusqu'à obtenir une pâte homogène.

4. Coupez le chocolat noir en petits morceaux, concassez les noix et ajoutez le tout à la pâte.

5. Huilez le moule à l'aide d'un pinceau, puis ajoutez des graines de sésame noir sur les parois.

6. Versez la pâte dans le moule. Coupez la banane restante en deux dans la longueur et déposez-la sur la pâte.

7. Enfournez pendant 45 minutes. Vérifiez la cuisson à l'aide d'un couteau : il doit ressortir sec.

8. Laissez refroidir avant de démouler et de déguster. Bon appétit !

OPINEL

« Je me régale sans culpabiliser »

Cookie express

succès Instagram

Je suis trop contente de vous partager cette recette qui a eu beaucoup de succès sur mes réseaux sociaux ! Elle est idéale quand on a un petit creux.

POUR
1 personne

PRÉPARATION
1 minute

CUISSON
3 minutes

271 kcal

LIPIDES	10
GLUCIDES	44
PROTÉINES	4

½ banane
25 g de farine
1 c. à café de levure chimique
1 c. à café d'huile de coco
1 c. à café de sucrant (stévia)
½ c. à café d'arôme de vanille
15 g de pépites de chocolat

1. Dans un bol, écrasez la ½ banane à l'aide d'une fourchette jusqu'à obtenir une purée lisse.

2. Ajoutez le reste des ingrédients – en gardant de côté ¼ des pépites de chocolat – et mélangez jusqu'à obtenir une pâte lisse.

3. Déposez la préparation dans une assiette et essayez de lui donner une forme ronde. Parsemez du reste de pépites de chocolat. Faites cuire pendant environ 1 minute au micro-ondes pleine puissance. Dégustez.

Marbré chocolat vanille

POUR *9 personnes* · **PRÉPARATION** *20 minutes* · **CUISSON** *40 minutes*

188 kcal/pers.

LIPIDES	5
GLUCIDES	27
PROTÉINES	6

3 œufs

100 g de fromage blanc à 0 % de MG

100 g de compote de pommes, sans sucre ajouté

50 g de sucre complet

200 g de farine

70 g de chocolat noir

40 g de lait demi-écrémé

1 sachet de levure chimique

1 c. à soupe d'arôme de vanille

1. Préchauffez le four à 180 °C.

2. Dans un saladier, mélangez les œufs, le fromage blanc, la compote de pommes et le sucre. Ajoutez ensuite la farine et la levure, mélangez bien.

3. Répartissez la moitié de la pâte dans un autre saladier et ajoutez l'arôme de vanille. Mélangez.

4. Faites fondre le chocolat au bain-marie ou au micro-ondes. Versez le chocolat fondu dans le premier saladier, puis ajoutez le lait, mélangez.

5. Dans un moule à cake antiadhésif, versez les deux préparations en les alternant. Plus il y aura de couches, plus le cake sera marbré.

6. Enfournez pendant 40 minutes. Vérifiez la cuisson à l'aide d'un couteau : il doit ressortir sec.

7. Laissez refroidir le gâteau avant de démouler et de déguster.

ASTUCE PRATIQUE

Vous pouvez remplacer le chocolat noir par du cacao en poudre non sucré.

recette express

Egg sandwich

POUR *1 personne*

PRÉPARATION *3 minutes*

CUISSON *5 minutes*

302 kcal

LIPIDES	22
GLUCIDES	9
PROTÉINES	18

2 œufs
30 g d'avocat
10 g d'oignon frit
½ tranche de jambon
30 g de fromage Philadelphia light
1 c. à soupe de jus de citron
Sel, poivre

1. Dans une poêle bien chaude, cassez chaque œuf dans un cercle en inox, salez et poivrez.

2. Une fois que les œufs sont cuits, retirez les cercles délicatement et retournez les œufs pour dorer l'autre côté, puis réservez sur une assiette.

3. Déposez sur un œuf le Philadelphia, l'avocat écrasé, du jus de citron, le jambon, l'oignon frit puis refermez avec l'autre œuf.

ASTUCE PRATIQUE

Si vous n'avez pas de cercle en inox, pliez une feuille d'aluminium plusieurs fois sur elle-même pour former une longue bande, formez un cercle et agrafez.

Mes desserts gourmands

Pour terminer, je vous partage mes desserts favoris. Je n'en mange pas à chaque repas mais, de temps en temps, je trouve ça réconfortant.

Compote de pommes maison

POUR
4 personnes

PRÉPARATION
10 minutes

CUISSON
40 minutes

61 kcal / pers.

LIPIDES	0,2
GLUCIDES	18,5
PROTÉINES	0,2

3 pommes
1 sachet de sucre vanillé
30 ml d'eau

1. Épluchez les pommes, enlevez le cœur avec les pépins et coupez-les en morceaux.

2. Dans une casserole, ajoutez les pommes en morceaux, le sucre vanillé, l'eau et mélangez. Laissez compoter à couvert à feu doux environ 40 minutes. Pensez à remuer de temps en temps.

3. Une fois que les pommes sont bien tendres, écrasez-les en purée ou mixez le tout pour une texture bien lisse.

4. Vous pouvez déguster froid ou tiède.

ASTUCE GOURMANDE

J'adore la mélanger à du yaourt nature, ou sur une crêpe ou un pancake, c'est délicieux !

Crumble de fraises

recette express

POUR
1 personne

PRÉPARATION
5 minutes

CUISSON
aucune

240 kcal

LIPIDES	3
GLUCIDES	42
PROTÉINES	12

15 fraises
3 petits-beurre
125 g de fromage blanc
1 c. à soupe de miel

1. Écrasez les biscuits en petits morceaux. Lavez les fraises et coupez-les en petits morceaux. Dans un bol, mélangez le fromage blanc avec le miel.

2. Versez une couche de fraises dans un petit récipient, puis ajoutez une couche de yaourt et une couche de biscuits. Répétez cette opération jusqu'à ce que vous atteigniez le bord du récipient, en terminant par une couche de fraises.

3. Placez au réfrigérateur avant de déguster.

ASTUCE PRATIQUE

Je réalise ces petits crumbles en 4 ou 5 exemplaires que je laisse au frigo. Ainsi, j'ai mon dessert pour 3 jours !

Ma routine

Ma routine varie en fonction de mes humeurs, de ma motivation, de mon emploi du temps et de mes besoins. Celle que je décris ici représente pour moi la journée idéale que j'aspire à suivre au quotidien. Créer et suivre une routine saine est selon moi un travail de plusieurs mois. Avoir une routine peut être bénéfique pour notre bien-être physique et mental. Planifier ses activités et ses repas à l'avance permet de mieux gérer son temps et de réduire le stress. Cependant, chacun est différent, ce qui fonctionne pour une personne peut ne pas fonctionner pour une autre. À vous de trouver la routine qui convient à vos besoins et à votre style de vie. Ne vous découragez pas si vous n'arrivez pas à la tenir au quotidien, je n'y parviens pas non plus ! L'objectif est de l'améliorer chaque jour, chaque semaine, chaque mois, jusqu'à trouver votre équilibre.

IMPORTANT

Je m'efforce de boire au moins 2 litres d'eau par jour pour rester hydratée et éviter les fringales. Je suis également flexible en ce qui concerne les horaires et j'écoute mon corps en mangeant plus tôt ou plus tard si nécessaire sans m'imposer de règles strictes ou des restrictions.

7 HEURES

Je me lève assez tôt et je bois un verre d'eau dès le réveil.

8 HEURES

Je prends un petit déjeuner bien consistant pour tenir jusqu'au déjeuner. En ce moment, je suis dans ma période porridge !

10 HEURES – 11 HEURES

Quand je suis motivée, j'aime faire ma séance de sport le matin. Cela me dynamise et je me sens bien dans mon corps toute la journée.

12 HEURES – 13 HEURES

Je ne rate jamais le déjeuner, j'attends midi avec impatience ! Je privilégie toujours un repas bien gourmand avec des légumes et des protéines pour me sentir rassasiée et éviter les fringales.

16 HEURES

J'écoute mon corps et, si je ressens la faim, je m'accorde une petite collation : une recette du livre ou bien un smoothie, une pomme, des noix, cela dépend de mes envies.

19 HEURES

Pour le dernier repas de la journée, je mange assez tôt et je termine souvent avec un petit dessert. En ce moment, j'adore manger un bol de fromage blanc avec de la compote de pommes maison.

Mousse au chocolat

POUR
4 personnes

PRÉPARATION
10 minutes

CUISSON
8 minutes

REPOS
4 heures

228 kcal / pers.

LIPIDES	14
GLUCIDES	16
PROTÉINES	6

3 œufs
130 g de chocolat noir
1 pincée de sel

1. Séparez les blancs des jaunes d'œufs.

2. Dans un saladier, battez les blancs en neige bien ferme avec une pincée de sel. Réservez-les au frais.

3. Coupez la tablette de chocolat en carrés et faites-la fondre au bain-marie environ 8 minutes. Dès que le chocolat est fondu et qu'il a une texture bien lisse, réservez dans un saladier et laissez refroidir. Incorporez les jaunes d'œufs au chocolat.

4. À l'aide d'une spatule, incorporez délicatement les blancs en neige au chocolat.

5. Réservez la mousse au réfrigérateur au moins 4 heures avant de la déguster.

CONSEIL GOURMAND

Vous pouvez savourer la mousse avec quelques fraises ou framboises, ça se marie très bien !

Flan à la vanille

POUR
7 personnes

PRÉPARATION
15 minutes

CUISSON
50 minutes

82 kcal / pers.

LIPIDES	2,5
GLUCIDES	10
PROTÉINES	4

500 ml de lait demi-écrémé
2 œufs
50 g de fécule de maïs
2 c. à soupe de sucrant (stévia)
1 gousse de vanille
1 c. à soupe de sirop d'agave

1. Préchauffez le four à 180 °C.

2. Dans une casserole, mélangez le lait, la fécule et le sucrant. Faites chauffer la préparation à feu moyen environ 5 minutes, en mélangeant jusqu'à épaississement.

3. Battez les œufs dans un bol et ajoutez-les à la préparation chaude en mélangeant bien. Ajoutez la gousse de vanille grattée et le sirop d'agave. Mélangez encore 2 minutes.

4. Versez la préparation dans un moule à flan et enfournez pendant 40 minutes.

5. Laissez tiédir avant de démouler et de servir.

VARIANTE

La gousse de vanille peut être remplacée par de l'arôme de vanille ou un sachet de sucre vanillé.

Crèmes au citron

Ces crèmes au citron sont merveilleuses ! Ça change totalement des crèmes industrielles et je vous garantis que le goût est top.

POUR *1 personne*
PRÉPARATION *5 minutes*
CUISSON *5 minutes*
REPOS *4 heures*

106 kcal

LIPIDES	1,5
GLUCIDES	19
PROTÉINES	3

10 g de sucre en poudre
5 g de Maïzena®
100 ml de lait demi-écrémé
10 ml de jus de citron
Quelques zestes de citron bio

1. Dans une casserole, mélangez le sucre en poudre et la Maïzena®. Ajoutez le lait et le jus de citron, et mélangez jusqu'à ce que le mélange soit bien homogène.

2. Faites chauffer la casserole sur feu moyen, en remuant le mélange au fouet constamment, jusqu'à ce que la crème épaississe et nappe la cuillère. Comptez environ 5 minutes. Retirez la casserole du feu. Mélangez bien et laissez refroidir la crème.

3. Versez la crème dans des ramequins ou des verres. Recouvrez d'un couvercle ou de film alimentaire et placez au réfrigérateur pendant au moins 4 heures avant de servir.

4. Au moment de servir, saupoudrez d'un peu de zestes de citron et dégustez !

VARIANTE GOURMANDE

Je fais souvent ces crèmes à la vanille. Remplacez le jus de citron par de l'arôme de vanille et du sucre vanillé.

Gâteau au chocolat

POUR
6 personnes

PRÉPARATION
10 minutes

CUISSON
20 minutes

211 kcal/pers.

LIPIDES	13
GLUCIDES	15
PROTÉINES	5

4 œufs
170 g de chocolat noir
15 g de pépites de chocolat

1. Préchauffez le four à 180 °C.

2. Faites fondre le chocolat noir au bain-marie ou au micro-ondes.

3. Séparez les blancs des jaunes d'œufs. Dans un saladier, battez les blancs en neige jusqu'à ce qu'ils soient fermes. Dans un autre bol, mélangez les jaunes d'œufs et le chocolat fondu jusqu'à ce que le mélange soit homogène. Incorporez délicatement les blancs en neige à la préparation au chocolat en veillant à ne pas les casser.

4. Versez la pâte dans un moule antiadhésif. Parsemez de pépites de chocolat. Enfournez pendant 20 minutes. L'intérieur du gâteau doit être bien moelleux.

5. Laissez refroidir le gâteau avant de démouler et de déguster.

ASTUCE PRATIQUE

C'est la façon la plus simple de réaliser un gâteau au chocolat. Le fait de monter les blancs en neige fait toute la différence, le gâteau est bien moelleux !

Salade de fruits

Je fais souvent cette salade de fruits en dessert quand j'ai des invités. Tout le monde se régale !

POUR *4 personnes*
PRÉPARATION *15 minutes*
CUISSON *aucune*
REPOS *1 heure*

135 kcal / pers.

LIPIDES	0,5
GLUCIDES	33
PROTÉINES	1,5

100 g de fraises
1 banane
1 pêche
100 g d'ananas
1 pomme
1 poire
1 sachet de sucre vanillé
2 oranges pressées

1. Lavez les fraises et coupez-les en quartiers. Pelez et coupez la banane en tranches. Épluchez et coupez la pêche, l'ananas, la pomme et la poire en cubes.

2. Dans un saladier, mélangez les fruits coupés et le sucre vanillé. Ajoutez le jus des oranges pressées et mélangez pour bien enrober tous les fruits.

3. Réservez au frais minimum 1 heure avant de déguster.

ASTUCES GOURMANDES

N'hésitez pas à doubler ou tripler les quantités. Pour une touche de couleur et de saveur, ajoutez un peu de menthe fraîchement hachée sur le dessus.

Sorbet à la fraise

J'adore cette recette, je la réalise avec plusieurs fruits différents et je double les quantités pour en avoir sur plusieurs jours.

POUR
2 personnes

PRÉPARATION
5 minutes

CUISSON
aucune

REPOS
3 à 4 heures

136 kcal / pers.

LIPIDES	0,6
GLUCIDES	33
PROTÉINES	1,5

200 g de fraises surgelées
1 c. à soupe de miel
½ verre d'eau
2 c. à soupe de jus de citron

1. Dans un mixeur, mixez les fraises surgelées, le miel, l'eau et le jus de citron jusqu'à l'obtention d'une texture homogène. Il ne doit plus rester de morceau de fraise. N'hésitez pas à ajouter un peu d'eau afin d'obtenir une texture onctueuse.

2. Versez votre sorbet dans un contenant avec couvercle ou recouvrez de film alimentaire, et placez au congélateur minimum 3 à 4 heures avant de déguster.

Riz au lait

POUR
2 personnes

PRÉPARATION
10 minutes

CUISSON
25 minutes

237 kcal/pers.

LIPIDES	11,5
GLUCIDES	29
PROTÉINES	3,5

60 g de riz rond à dessert
500 ml d'eau
140 ml de lait entier
100 ml de crème liquide entière
1 sachet de sucre vanillé
20 g de sucre en poudre

1. Dans une casserole, portez l'eau à ébullition. Ajoutez le riz et faites-le cuire environ 5 minutes. Égouttez et réservez.

2. Dans une autre casserole, mélangez le lait, la crème liquide, le sucre vanillé et le sucre en poudre. Faites chauffer la casserole sur feu moyen, en remuant constamment, jusqu'à ce que le mélange soit bien homogène.

3. Ajoutez le riz égoutté et mélangez pour bien l'enrober. Faites chauffer à feu doux pendant environ 20 minutes. Arrêtez la cuisson lorsque le riz est cuit.

4. Répartissez le riz au lait dans des bols ou des verres, et servez chaud ou froid, selon votre goût.

CONSEIL GOURMAND

Vous pouvez saupoudrer le riz au lait de cannelle si vous aimez ça.

Composer ses menus pour la semaine

Je sais qu'il n'est pas toujours facile de composer ses menus de la semaine, c'est pour cela que je partage avec vous un exemple de ce que je mange au quotidien, avec les recettes que vous trouverez dans le livre. Ce menu de la semaine a pour but de vous donner des idées, de l'inspiration et il est à adapter en fonction de vos besoins et de vos objectifs.

Par exemple, quand j'étais en perte de poids, je consommais moins que ce dont mon corps avait besoin. Cela s'appelle le « déficit calorique », je forçais mon corps à puiser dans mes réserves, ce qui entraînait une perte de gras. J'ai commencé aux alentours des 2 000 kcal/jour, puis, jour après jour, je diminuais les calories pour être toujours en déficit.

Astuce : N'hésitez pas à intégrer des boissons sans sucre ou des fruits en plus dans vos journées (thé, café, banane, pomme). Les calories sont indiquées, mais peuvent varier en fonction de ce que vous décidez d'ajouter. Vous n'êtes pas non plus obligé de suivre le menu à la lettre, c'est simplement une ligne de conduite, vous pouvez faire des ajustements et les adapter à votre mode de vie.

N'hésitez pas à personnaliser les recettes et à changer les quantités en fonction de vos besoins journaliers, tout en respectant la répartition proportionnelle des ingrédients.

LES BESOINS ÉNERGÉTIQUES JOURNALIERS

Les besoins en calories varient en fonction de nombreux facteurs tels que l'âge, le sexe, la taille, le poids, le niveau d'activité physique. En général, un homme adulte a besoin d'environ 2 000 à 2 500 calories par jour, tandis qu'une femme adulte a besoin d'environ 1 600 à 2 000 calories par jour. Cependant, rappelez-vous que ces chiffres sont des estimations générales et que les besoins en calories peuvent varier considérablement d'une personne à l'autre. Vous pouvez consulter un professionnel de la santé pour déterminer les besoins caloriques adaptés à votre profil et ne pas descendre trop bas non plus. J'aimerais également souligner que lorsqu'on parle de perte de poids, il est important de ne pas se focaliser uniquement sur les calories, mais également sur la qualité des aliments consommés et les nutriments qu'ils apportent.

MES CONSEILS

N'oubliez pas d'écouter votre corps pour éviter les fringales et les excès, et maintenez une activité physique régulière. Les journées sont composées de quatre repas (petit déjeuner, déjeuner, collation et dîner) et parfois un dessert. Les collations sont utiles pour couper la faim entre deux repas, mais si vous n'en ressentez pas le besoin, vous n'êtes pas obligés d'en prendre.

8 jours de menus

Jour 1

p. 22	Pancakes compote de pommes	**386 kcal**
p. 66	Quesadilla poulet	**589 kcal**
p. 140	Egg sandwich	**302 kcal**
p. 50	Pâtes crémeuses courgettes	**586 kcal**

Total : **1 863 kcal**
L 85 - G 179 - P 121

Jour 2

p. 32	Crêpes à la fraise	**370 kcal**
p. 88	Poke bowl poulet teriyaki	**600 kcal**
p. 128	Mini-pancakes banane	**179 kcal**
p. 528	Pâtes crémeuses butternut	**600 kcal**

Total : **1 749 kcal**
L 48 - G 228 - P 102

Jour 3

p. 24	Pancakes fluffy banane	**448 kcal**
p. 62	Cordon-bleu aux courgettes	**249 kcal**
p. 134	1 part de banana bread	**263 kcal**
p. 110	Crêpe salée	**567 kcal**
p. 160	Salade de fruits	**135 kcal**

Total : **1 745 kcal**
L 64 - G 223 - P 68

Jour 4

p. 34	Pain perdu	**366 kcal**
p. 68	Bagel saumon	**429 kcal**
p. 136	Cookie express	**271 kcal**
p. 78	Risotto poireaux saint-jacques	**594 kcal**
p. 154	Flan vanille	**82 kcal**

Total : **1 742 kcal**
L 67 - G 220 - P 82

Jour 5

p. 20	Granola chocolat	**264 kcal**
p. 48	Carottes confites et poulet pané	**592 kcal**
p. 122	1 part de gâteau à la pomme	**152 kcal**
p. 58	Butter chicken naan	**411 kcal**
p. 164	Riz au lait	**237 kcal**

Total : **1 656 kcal**
L 62 - G 153 - P 100

Jour 6

p. 26	1 briochette	**185 kcal**
p. 114	Burger patate douce	**521 kcal**
p. 132	Smoothie banane fraise	**212 kcal**
p. 56	Chakchouka	**507 kcal**
p. 152	Mousse au chocolat	**228 kcal**

Total : **1 653 kcal**
L 77 - G 241 - P 84

Jour 7

p. 34	1 toast burrata avocat	**210 kcal**
p. 70	Wrap poulet	**526 kcal**
p. 130	Muffin anglais	**366 kcal**
p. 116	Lasagnes	**521 kcal**

Total : **1 623 kcal**
L 60 - G 158 - P 110

Jour 8

p. 42	Omelette épinards	**268 kcal**
p. 94	Poireaux béchamel	**480 kcal**
p. 138	1 part de marbré	**188 kcal**
p. 106	Pizza nuage	**468 kcal**
p. 156	Crème citron	**106 kcal**

Total : **1 510 kcal**
L 85 - G 111 - P 89

Table des recettes

Mes petits déjeuners

Mes plats du quotidien

Mes petites collations

Mes desserts gourmands

Index

Index par type de plats

Remerciements

Tout d'abord, je tiens à dédier ce livre à mes deux premières fans, mes grands-mères, qui m'ont transmis depuis toute petite l'amour pour la cuisine. Je le dédie également à mes abonnés. Sans eux, je n'aurais jamais eu la chance de vivre cette expérience incroyable. J'espère vraiment que ce livre leur plaira car j'y ai mis tout mon cœur. Je souhaite qu'il leur donne envie de prendre du plaisir à cuisiner.

Un grand merci à ma famille et mes amis pour leur soutien, leurs encouragements et leurs conseils depuis le début de ce projet.

Merci à l'équipe Marabout qui a réalisé ce rêve. Un immense merci à mes deux fées Séverine la styliste et Virginie la photographe, avec qui j'ai passé deux semaines intenses et merveilleuses lors du shooting photo. D'un coup de baguette magique, elles ont sublimé mes recettes.

Merci enfin à Théo, qui a cru en moi dès le début et qui me suit dans toutes mes aventures.

Hachette Livre 58, rue Jean-Bleuzen 92178 Vanves Cedex

Relecture par une diététicienne : Claire Trommenschlager
Relectures : Émilie Collet et Irène Colas
Mise en pages : Matthieu Corgnet

4031004
ISBN : 978-2-501-17727-6
Dépôt légal : avril 2023
Achevé d'imprimer en mars 2023 par Elcograf en Italie

PAPIER CERTIFIÉ